NOUVEL ABRÉGÉ

DE

GRAMMAIRE FRANÇAISE,

SUIVI D'UN

TRAITÉ D'ORTHOGRAPHE PRATIQUE,

A L'AIDE DUQUEL ON PEUT APPRENDRE A ÉCRIRE CONVENABLEMENT
ET SEUL
LA PLUPART DES MOTS DE NOTRE LANGUE;

PAR

M. Perrot d'Ablancourt.

Prix : 1 fr. 50.

POITIERS,
CHEZ CH. FRADET, LIBRAIRE,
RUE DE LA MAIRIE, No 10.

1838.

NOUVEL ABRÉGÉ

DE

GRAMMAIRE FRANÇAISE,

SUIVI

D'UN TRAITÉ D'ORTHOGRAPHE PRATIQUE,

A L'AIDE DUQUEL ON PEUT APPRENDRE A ÉCRIRE CONVENABLEMENT ET SEUL LA PLUPART DES MOTS DE NOTRE LANGUE;

PAR

M. Perrot d'Ablancourt.

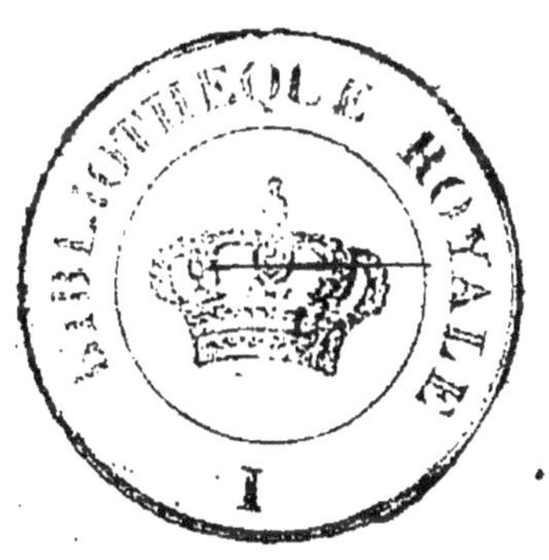

POITIERS,

CHEZ CH. FRADET, LIBRAIRE,

RUE DE LA MAIRIE, No 10.

—

1838.

POITIERS. — IMP. DE F.-A. SAURIN.

AVERTISSEMENT.

En parcourant ce nouvel Abrégé, on ne verra point ces défi-nitions ridicules : *La grammaire est l'art de parler et d'écrire correctement ; pour écrire, on se sert de mots*, etc. Le cadre étroit dans lequel nous établissons tous les préceptes nécessaires pour connaître promptement la véritable orthographe de la plupart des mots de notre langue, ne pourrait rien admettre d'inutile et de superflu.

C'est à cette fin que les nombreux modèles de conjugaisons qu'on remarque chez nos autres grammairiens, ont été réduits à trois tableaux dont le plan est neuf. Avec ces tableaux, les élèves évitent la routine, et parviennent bientôt à réciter et à écrire correctement les temps et les personnes d'un verbe quelconque.

La formation des temps, que nos auteurs renvoient mal à propos à la suite des conjugaisons, devient ici l'objet d'une étude préliminaire, et les modifications qu'on y a apportées faciliteront le récit du singulier de l'indicatif présent et celui des participes présent et passé.

Il fallait encore simplifier le traité des participes, et faire disparaître cette quantité d'observations inutiles, plus propres à embrouiller l'esprit qu'à l'éclairer. A l'aide de trois règles et d'un très-petit nombre d'exceptions, on a levé toutes les difficultés que présentait d'abord l'étude de cette partie du discours.

Mais il y aurait encore bien des fautes à craindre de la part des élèves, en écrivant une quantité prodigieuse de mots, si l'on se bornait aux changements opérés dans cette première étude de notre langue. En effet, tel qui observera l'accord de l'adjectif avec le nom, du verbe avec son sujet, etc., ne sera pas moins incertain sur l'espèce de caractères qui entrent dans la composition des sons de plusieurs lettres ou qui terminent les mots. C'est à dessein de prévenir toutes ces méprises que nous avons conçu le plan d'un sujet d'orthographe pratique. Bien que les préceptes qu'il renferme soient assez simples, assez précis, et assez clairs pour garantir de l'erreur quatre-vingt-dix fois sur cent, nous ne nous flatterons cependant pas d'être toujours heureux. L'expérience et surtout les observations que nous attendons des personnes éclairées et dévouées au bien de l'enfance viendront nous suppléer.

NOUVEL ABRÉGÉ

DE

GRAMMAIRE FRANÇAISE.

DES SIGNES DU LANGAGE.

Parmi les signes dont se compose le langage on en distingue deux sortes : les *voyelles* et les *articulations* ou *consonnes*.

Les *voyelles* sont : *a*, *e*, *i*, *o*, *u*, *y*. On les appelle ainsi parce qu'elles forment seules une *voix* ou un *son*.

Les *articulations* sont : *b*, *c*, *d*, *f*, *g*, *h*, *j*, *k*, *l*, *m*, *n*, *p*, *qu*, *r*, *s*, *t*, *v*, *x*, auxquelles on peut ajouter ces caractères inséparables : *ch*, *gn*, *ph*, *ill*, *il*, qu'on prononce aujourd'hui comme dans *mouche*, *signe*, *Christophe*, *feuille*, *bail*. Ces articulations s'appellent ainsi parce qu'elles n'ont qu'une valeur sourde qu'on obtient seulement à l'aide des organes de la bouche, tandis que celle des voyelles s'obtient toujours à l'aide du gosier.

Des Voyelles longues et brèves.

Les voyelles *longues* sont celles qui demandent une valeur forte et prolongée, et les voyelles *brèves* celles qui se prononcent rapidement. Ainsi :

a est long dans *pâte*, et bref dans *patte*.
e est long dans *fête*, et bref dans *mère*.
i est long dans *épître*, et bref dans *petite*.
o est long dans *côte*, et bref dans *botte*.
u est long dans *flûte*, et bref dans *butte*.

eu est long dans *jeûne*, et bref dans *jeune*.
oi est long dans *boîte*, et bref dans *toile*.
ai est long dans *chaîne*, et bref dans *laitue*.
ou est long dans *voûte*, et bref dans *route*.

La voyelle *e* est sujette à plusieurs inflexions de voix indiquées par des signes qu'on nomme *accents*. Il y en a trois principaux : l'*aigu*, le *grave* et le *circonflexe*.

é avec un accent aigu se prononce la bouche presque fermée, comme dans *bonté*, *café*, *doré*, *fané*, *gelé*, *jeté*.

è avec un accent grave se prononce la bouche très-ouverte, comme dans *brève*, *fougère*, *mère*, *procès*, *succès*.

ê avec un accent circonflexe se prononce lentement et la bouche aussi très-ouverte, comme dans *gêne*, *fête*, *chêne*, *même*, *prêtre*.

e sans accent est *muet*, c'est-à-dire qu'il n'a qu'une valeur sourde et peu sensible, comme dans *me*, *se*, *te*, *bonne*, *comme*, *livre*, *table*.

Il faut donc distinguer quatre espèces d'*e* : le *muet*, le *fermé*, le *bref* et l'*ouvert long*.

De la valeur de l'y grec.

Y grec entre deux voyelles et dans *paysan*, représente deux *i* dont l'un appartient à la première voyelle et l'autre appartient à la seconde. Exemple : *appuyer*, *mitoyen*, *paysage*, *pays*. Ailleurs, *y grec* ne vaut qu'un *i* : *yacht*, *dey*, *mystère*, *style*.

H. Cette articulation est *muette* quand elle n'ajoute rien à la valeur de la voyelle qui la suit, comme dans *l'homme*, *l'histoire*, etc.

H est *aspirée* quand elle fait prononcer avec un effort du gosier la voyelle qui suit : dans ce cas elle n'admc aucune liaison de consonne : *harangue, héros, hibou, haine.*

Des Syllabes.

Une voyelle seule ou une articulation jointe à une voyelle forment une *syllabe : bon, gond, fin, lot.* Il y a autant de syllabes dans un mot que la bouche opère de mouvements en le prononçant : ainsi on compte trois syllabes dans *babine.*

La syllabe formée de deux voyelles dont la valeur se fait sentir, s'appelle *diphthongue* ; telles sont, *ia*, *ié*, *iè*, *io*, *oi*, *ui*, *ien*, *oin*, etc. : *acacia*, *fiacre*, *amitié*, *bannière*, *civière*, *fiole*, *bois*, *buis*, *bien*, *loin.*

Tout mot qui se prononce par une seule émission de voix, comme *beau*, *chant*, *gond*, *lin*, se nomme *monosyllabe;* ceux qui en ont deux, *dissyllabes;* et les autres qui se composent de plusieurs *syllabes* sont appelés *polysyllabes.*

Des Parties du Discours.

On distingue dans la langue française dix sortes de mots : le *nom* ou *substantif*, l'*article*, l'*adjectif*, le *pronom*, le *verbe*, le *participe*, l'*adverbe*, la *conjonction* et l'*interjection.* Parmi ces mots il y en a six dont la finale est variable ; ce sont : le *nom*, l'*article*, l'*adjectif*, le *pronom*, le *verbe* et le *participe.* Mais l'*adverbe*, la *préposition*, la *conjonction* et l'*interjection* ne varient jamais.

CHAPITRE Ier.

DU NOM OU SUBSTANTIF.

Le *nom* ou *substantif* est un mot dont on se sert pour désigner les personnes et les choses. Tous les objets qui peuvent se présenter à nos yeux ou à notre imagination, tels que *homme*, *femme*, *encrier*, *plume*, *douceur*, *joie*, *souffrance*, etc., sont des noms. On en distingue trois sortes : le nom *commun*, le nom *propre* et le nom *collectif*.

Un nom est *commun* lorsqu'il peut s'appliquer à plusieurs personnes ou à plusieurs choses de même espèce. *Louis*, *Jean*, conviennent à toutes les personnes qui portent ces noms, et *maison*, *jardin*, conviennent à tous les objets de ces deux espèces.

Un nom est *propre* lorsqu'il ne peut s'appliquer qu'à une seule personne, qu'à un seul lieu : *Alexandre*, *Châtellerault*, *la Vienne*, sont des noms propres ; car il n'y a qu'un prince régnant qui s'appelle *Alexandre*, qu'une ville qui s'appelle *Châtellerault*, qu'une rivière qui s'appelle *la Vienne*. Enfin, presque tous les noms de villes, de provinces, de royaumes, de rivières, sont considérés comme noms propres : ils doivent toujours commencer par une lettre *majuscule*, de même que les noms de dignité, de profession et d'art, comme *Paris*, *Anjou*, *France*, *Loire*, *Avocat*, *Ministre*, *Préfet*, *Maçon*, etc.

Un nom est *collectif* lorsqu'il présente à l'idée la réunion de beaucoup de personnes, de beaucoup d'animaux, de beaucoup de choses. *Armée*, *troupeau*, *forêt* sont des noms collectifs. En effet, une armée nous offre à l'esprit un grand nombre de soldats ; un troupeau, un grand nombre d'animaux ; une forêt, l'assemblage d'un grand nombre d'arbres.

Lorsqu'un nom collectif est considéré avec toutes ses parties, il est général; et lorsqu'il n'est considéré qu'avec quelques-unes seulement, il est *partitif* ou *distributif*. Ainsi : *la totalité des Français*, *la foule des soldats*, *cette espèce d'animaux*, *la moitié des écoliers*, nous présentent des collectifs généraux; *une foule de soldats*, *la plupart des hommes*, *une quantité d'enfants*, sont des exemples de collectifs partitifs.

Des Genres.

Dans les règles d'orthographe de la langue française on distingue deux genres, le *masculin* et le *féminin*. Un nom est masculin quand on peut placer avant lui un de ces mots *le*, *un*. Exemple : *roi*, *papier* sont du masculin, car on peut dire : *le roi* ou *un roi*; *le papier* ou *un papier*.

Un nom est féminin quand on peut placer avant lui, *la*, *une*. Exemple : *fille*, *plume*, sont du féminin, car on peut dire : *la fille* ou *une fille*; *la plume* ou *une plume*.

Des Nombres.

Il y a deux nombres, le *singulier* et le *pluriel*. Lorsqu'on ne parle que d'une seule personne ou d'une seule chose, c'est le singulier. Ainsi, *un enfant*, *un jardin*, sont deux mots singuliers.

Lorsqu'on parle de plusieurs personnes ou de plusieurs choses, c'est le pluriel. Ainsi, *les enfants*, *les jardins*, sont deux mots pluriels.

Formation du pluriel dans les Noms.

Règle générale. Tout nom commun prend un *s* au pluriel. Exemple : *un homme*, *des hommes*; *une femme*, *des femmes*; *un jardin*, *des jardins*. Mais si le nom se termine au singulier par l'une de ces lettres *s*, *x*, *z*, on n'y ajoute rien au pluriel. Exemple : *le palais*, *les palais*; *une noix*, *des noix*; *un nez*, *des nez*, etc.

Première exception. Les noms qui finissent par *eau*, *eu*, *ou*, forment leur pluriel par l'addition d'un *x*. Exemple : *le bateau*, *les bateaux*; *le vœu*, *les vœux*; *le caillou*, *les cailloux*. Cependant, les mots *bleu*, *clou*, *matou*, *sou*, *trou*, *verrou*, prennent un *s* au lieu d'un *x*. Exemple : *un drap bleu*, *des draps bleus*; *un clou*, *des clous*; *un matou*, *des matous*; *un sou*, *des sous*; *un trou*, *des trous*; *un verrou*, *des verrous*.

Deuxième exception. La plupart des noms dont le singulier est en *al* forment leur pluriel par *aux*, sans la voyelle *e*. Exemple : *le bocal*, *les bocaux*; *un arsenal*, *des arsenaux*; *un cheval*, *des chevaux*; *un fanal*, *des fanaux*; *un local*, *des locaux*; *le maréchal*, *des maréchaux*; *le mal*, *les maux*. Cependant, *bal*, *carnaval* et *régal*, font au pluriel, *bals*, *carnavals*, *régals*. Parmi les noms en *ail* qui ont aussi le pluriel en *aux*, on remarque seulement *bail*, *corail*, *émail*, *soupirail*, *travail*. Exemple : *le bail*, *les baux*; *le corail*, *les coraux*; *le soupirail*, *les soupiraux*; *le travail*, *les travaux*. Mais ce dernier fait *travails* au pluriel, lorsqu'il signifie une machine où les maréchaux mettent un cheval difficile à ferrer, ou en parlant d'un compte qu'une haute administration rend à une autre : *l'académie a fait parvenir ses travails au ministre*. Tous les autres noms en *ail* prennent un *s* au pluriel : *un détail*, *un éventail*, *des détails*, *des éventails*; *un portail*, *des portails*; *un gouvernail*, *des gouvernails*, etc.

Troisième exception. *Ciel*, *œil*, *aïeul*, font au pluriel *cieux*, *yeux*, *aïeux*, et *ciels*, *œils*, *aïeuls*. On dit *cieux*, en parlant du séjour des justes; *yeux*, en parlant des organes de la vue; *aïeux* s'emploie pour désigner les ancêtres, sans déterminer ni le côté paternel, ni le côté maternel. Exemple : *les anges habitent les cieux; les yeux bleus peignent la douceur; il marcha sur les traces de ses aïeux.* Dans tous les autres cas il faut écrire : *ciels, œils, aïeuls.* Exemple : *des ciels de lit, des œils de bœuf* (petites lucarnes), *des aïeuls paternels, des aïeuls maternels.*

CHAPITRE II.

DE L'ARTICLE.

L'*article* est un petit mot qui se place devant les noms *communs* pour en marquer l'espèce, le genre et le nombre. Il n'y en a qu'un dans notre langue, le voici : *le* masculin, *la* féminin ; *les* des deux genres. *Le, la,* se changent bien souvent en ceux-ci : *de le, de la, des, de les, à le, à la, à les, à, au, aux,* qu'on appelle articles *composés* ou *contractés*, à cause des prépositions *à, de,* qui les accompagnent toujours dans ces derniers cas. Nous ne croyons pas devoir entrer ici dans de plus longs détails sur ce point : l'usage et la réflexion pourront nous suppléer.

Remarque. On emploie *au, du,* devant les noms qui commencent par une consonne : *au chat, du chat* ; et devant une voyelle ou une *h* muette, on dit *à le, à la, de le, de la,* en supprimant dans *de, le, la,* les voyelles *e, a,* qu'on remplace par une *apostrophe* (*l', d'*) : *peu d'argent, point d'humeur, l'enfant, l'heure.*

CHAPITRE III.

DE L'ADJECTIF.

L'*adjectif* est un mot qu'on ajoute au nom pour en déterminer la manière d'être. Tous les mots qui désignent la qualité bonne ou mauvaise, la couleur ou la forme des objets qui se présentent à nos yeux ou à notre imagination, sont des adjectifs, comme : *bon, mauvais ; rouge, noir ; carré, long ; excellent, prudent.*

L'*adjectif* prend le genre et le nombre du nom dont il marque la manière d'être ; c'est-à-dire qu'il s'écrit au masculin singulier, si le nom est masculin singulier ; au masculin pluriel, si le nom est masculin pluriel ; au féminin singulier, si le nom est féminin singulier ; et au féminin pluriel, si le nom est féminin pluriel. Voilà ce qu'il faut entendre lorsqu'on dit : *l'adjectif s'accorde en genre et en nombre avec le nom auquel il se rapporte.*

Formation du féminin des adjectifs.

Les adjectifs masculins qui se terminent par un *e muet* ne changent point de terminaison au féminin. Exemple : *un homme sage ; une femme sage.*

Les adjectifs masculins qui n'ont pas d'*e muet* pour finale en prennent toujours un au féminin. Exemple : *un homme poli, bossu, gai, petit ; une femme polie, bossue, gaie, petite.*

Exception. *Malin, bénin, long, oblong, tiers, serviteur, géant, favori, coi,* font au féminin *maligne, bénigne, longue, oblongue, tierce, servante, géante, favorite, coite.*

Dans les adjectifs en *el, eil, au, ieu, ou, as, ais, ès, os, ul, et, ot,* on double au féminin la consonne finale, et l'on ajoute un *e muet.* Ainsi, on écrira au masculin sans doubler la consonne finale : *un homme cruel, pareil, paysan, chrétien, bon, las, épais, profès, gros, sujet, sot* ; et au féminin en doublant la consonne finale et en ajoutant un *e muet* : *une femme cruelle*, *pareille*, *paysanne*, *chrétienne*, *bonne*, *lasse*, *épaisse*, *professe*, *grosse*, *sujette*, *sotte*.

Exception. *Frais*, *niais*, *bigot*, font au féminin *fraîche*, *niaise*, *bigote*; et *complet*, *concret*, *discret*, *secret*, *inquiet*, *replet*, ne prennent aussi qu'un *e* au féminin avec un accent *grave* sur l'*e* pénultième. Exemple: *une forme concrète; une victoire complète; une femme discrète*, *secrète*, *inquiète*, *replète*.

Les adjectifs *doux*, *faux*, *roux*, *vieux*, font au féminin *douce*, *fausse*, *rousse*, *vieille*. On dit aussi *vieil* au masculin devant une *voyelle* ou une *h muette*. Exemple : *mon vieil ami*, *mon vieil habit*.

Les cinq adjectifs *beau*, *jumeau*, *nouveau*, *fou*, *mou*, font au féminin *belle*, *jumelle*, *nouvelle*, *folle*, *molle*; et au masculin on dit *bel*, *nouvel*, *fol*, *mol*, devant un nom qui commence par une *voyelle* ou une *h muette*. Exemple : *un bel arbre*, *un bel habit; nouvel appartement*, *un nouvel habit*; *un fol espoir*, *un fol horoscope*, etc.

Dans les adjectifs dont le masculin se termine en *c*, on change cette finale en *che*. Exemple : *un homme blanc*, *franc*, *sec*; *une femme blanche*, *franche*, *sèche*. Mais *caduc*, *grec*, *public*, *turc*, ont leur féminin en *que*. Exemple : *un homme caduc*, *grec*, *public*, *turc*; *une femme caduque*, *grecque*; *une personne publique*, *turque*.

Les adjectifs masculins qui se terminent par *f* ont le féminin en *ve*. Exemple : *un homme veuf*, *bref*, *naïf*; *une femme veuve*, *brève*, *naïve*.

Les adjectifs en *eur* qui dérivent d'un autre mot ont leur féminin en *euse*. Exemple : *un homme causeur*, *danseur*, *querelleur*, *trompeur*; *une femme causeuse*, *danseuse*, *querelleuse*, *trompeuse*.

Exception. *Débiteur*, *exécuteur*, *inspecteur*,

inventeur, *persécuteur*, ont leur féminin en *trice*. Exemple : *un homme débiteur*, *exécuteur*, *inspecteur*, *inventeur*, *persécuteur*, *accusateur*; *une femme débitrice*, *exécutrice*, *inspectrice*, *inventrice*, *persécutrice*, *accusatrice*.

Les adjectifs masculins en *ateur*, *ecteur*, *ucteur*, forment aussi leur féminin en *trice*. Exemple : *un homme adulateur*, *protecteur*, *conducteur*; *une femme adulatrice*, *protectrice*, *conductrice*.

Les adjectifs en *érieur*, et *majeur*, *mineur*, *meilleur*, prennent seulement un *e* au féminin : *un fait antérieur*, *le côté citérieur* ; *un garçon majeur*, *mineur*, *meilleur* ; *une action antérieure*, *la rive citérieure*; *une fille majeure*, *mineure*, *meilleure*.

Les adjectifs *bailleur*, *demandeur*, *défendeur*, *vengeur*, *chasseur*, *devineur*, *enchanteur*, ont le féminin en *resse*. Exemple : *une femme bailleresse*, *demanderesse*, *défenderesse*, *vengeresse* (usités au palais) ; *chasseresse*, *devineresse* (usités en poésie); *enchanteresse*, *vengeresse*, *pécheresse*.

Plusieurs *noms* en *eur*, employés pour désigner le titre d'une personne qui travaille à une science quelconque ou qui la professe simplement, sont regardés comme adjectifs : ils s'écrivent au féminin de même qu'au masculin. Exemple : *un homme auteur*, *littérateur*, *professeur* ; *une femme auteur*, *littérateur*, *professeur*. Cependant on dit : *une femme amateur* ou *une femme amatrice*.

Du pluriel dans les adjectifs.

Les adjectifs masculins et féminins forment leur pluriel par l'addition d'un *s*. Exemple : *un homme sage*, *des hommes sages*; *une femme sage*, *des femmes sages*.

Exception. Si l'adjectif masculin se termine au

singulier par *s* ou *x*, on n'y ajoute rien au pluriel. Exemple : *un homme épais, gris, vieux, doux; des hommes épais, gris, vieux, doux.*

Les adjectifs en *al* ont leur pluriel masculin en *aux*. Exemple : *un homme égal, original, moral, impartial; des hommes égaux, originaux, moraux, impartiaux.* Mais *glacial, fatal, final, naval, nasal, théâtral*, prennent seulement un *s*.

Exception. Les adjectifs *bénéficial, canonical, diagonal, diamétral, expérimental, instrumental, médicinal, mental, pastoral, virginal, vocal, zodiacal*, n'ont de pluriel qu'au féminin : *des affaires bénéficiales, des cérémonies canonicales, des lignes diagonales, diamétrales; des méthodes expérimentales, des cordes instrumentales, des plantes médicinales, des prières mentales, vocales; des histoires pastorales, des couleurs virginales.*

Remarque. L'usage permet de conserver ou de supprimer au pluriel le *t* dans les adjectifs qui ont plus d'une syllabe. Ainsi, on peut écrire : *des hommes savants* ou *savans.*

Quand un adjectif qualifie deux noms singuliers, il doit toujours s'écrire au pluriel. Exemple : *le roi et le berger sont égaux après la mort.* Si l'adjectif détermine la qualité de deux noms singuliers de genres différents, il faut l'écrire au pluriel masculin. Exemple : *le père et la mère bons.*

Des adjectifs déterminatifs.

Les adjectifs *déterminatifs* servent à restreindre ou à diminuer l'étendue de signification des noms communs, à l'aide d'une idée particulière qu'on leur attache, soit de possession, comme *mon livre;* soit d'indication, comme *cet enfant*, etc. Les adjectifs *mon, cet,* font connaître que les noms *livre*, *enfant*, n'ont ici qu'une signification particulière.

On distingue quatre sortes d'adjectifs déterminatifs : les adjectifs *numéraux*, les adjectifs *démonstratifs*, les adjectifs *possessifs*, et les adjectifs *indéfinis*.

Des adjectifs numéraux.

Il y a deux sortes d'adjectifs *numéraux* : les adjectifs numéraux *cardinaux*, et les adjectifs numéraux *ordinaux*.

Des adjectifs cardinaux.

Les adjectifs *cardinaux* sont les différents signes qu'on emploie pour se rendre un compte exact des parties renfermées dans un tout. Ces adjectifs sont : *un*, *deux*, *trois*, *quatre*, *cinq*, *dix*, *vingt*, *trente*, etc.

Ces nombres ne prennent jamais la marque du pluriel. Il faut cependant excepter *cent* et *vingt* dans *quatre-vingts*, *six vingts*, qui se terminent par *s* lorsqu'ils sont immédiatement suivis d'un nom. Exemple : *deux cents hommes*, *quatre-vingts boisseaux*, *six vingts éléphants*. Mais ces mêmes adjectifs s'écrivent sans *s* quand ils précèdent un autre nombre. Exemple : *deux cent trente hommes*, *quatre-vingt-six boisseaux*. *Mille* prend aussi un *s* quand il sert à marquer les distances : *deux milles d'Italie* ; *ce cheval fait quatre milles à l'heure*. *Mil* s'écrit avec un *l* seul en parlant des années : *le froid fut très-grand en mil huit cent vingt-neuf*.

Des adjectifs ordinaux.

Les adjectifs *ordinaux* ont, de même que les cardinaux, la propriété de faire connaître la quantité d'objets compris dans un tout ; ils servent en outre à déterminer l'ordre ou le rang que ces objets occupent. Tels sont : *unième*, *deuxième*, *troisième*, *cinquième*, *sixième*, *septième*, *huitième*, *dixième*, *vingtième*, formés des cardinaux, *un*, *deux*, *trois*, *cinq*, *six*, *sept*, *huit*, *dix*, *vingt*, par l'addition *ième*; et *quatrième*, *onzième*, *douzième*, formés de *quatre*, *onze*, *douze*, par le changement du *e* final en *ième*; *neuf* fait *neuvième*.

Remarque. On dit *unième*; *deuxième*, après un autre nombre, et *premier*, *second*, devant un nom.

Des adjectifs démonstratifs.

Les adjectifs *démonstratifs* déterminent l'idée particulière qu'on se fait du nom qui suit, et semblent l'exposer à nos yeux. Ces adjectifs sont : *ce*, *cet*, *cette*, et *ces*, pluriel des deux genres.

Remarque. On emploie *ce* devant une *consonne* ou une *h* aspirée : *ce livre*, *ce héros*; et *cet* devant une *voyelle* ou une *h* muette : *cet arbre*, *cet homme*.

Des adjectifs possessifs.

Les adjectifs *possessifs* déterminent l'idée qu'on peut avoir du nom qui précède, et en indiquent la possession.

Ces adjectifs sont :

	SINGULIER.		PLURIEL.
	Masculin.	*Féminin.*	*Des deux genres.*
1re *Pers.*	Mon.	Ma	Mes.
2e *Pers.*	Ton.	Ta.	Tes.
3e *Pers.*	Son.	Sa.	Ses.
1re *Pers.*	Notre.	Notre.	Nos.
2e *Pers.*	Votre.	Votre.	Vos.
3e *Pers.*	Leur.	Leur.	Leurs.

Remarque. Au lieu de *ma*, *ta*, *sa*, il faut dire

mon, *ton*, *son*, devant un nom féminin commençant par une voyelle ou une *h* muette : *mon âme*, *ton amitié*, *son affaire*; *mon habitude*, *ton humeur*, *son histoire*, etc.

Des adjectifs indéfinis.

Les adjectifs *indéfinis* indiquent les personnes ou les choses d'une manière vague, c'est-à-dire, sans qu'on puisse connaître d'abord le nom et l'objet qu'ils nous annoncent. Par exemple, quand on dit : *quelqu'un frappe*, l'adjectif *quelqu'un* nous annonce bien un *être*, mais il n'indique ni l'espèce ni le genre de cet *être*.

Les adjectifs *indéfinis* sont :

On, *quelqu'un*, *quelqu'une*, *quiconque*, *chacun*, *autrui*, *personne*, qui ne se joignent point à un nom; *quelque*, *chaque*, *quelconque*, *certain*, *pas un*, *nul*, *aucun*, *tout*, *autre*, *tel*, qui accompagnent souvent un nom, comme dans ces phrases : *certain auteur*, *tout homme est sujet à l'erreur*, *tel père*, *tel fils*, etc.

Degrés de signification des adjectifs.

Les adjectifs ont trois degrés de signification ou manières de qualifier les objets auxquels ils se rapportent. 1° Le *positif*, quand on exprime simplement la qualité bonne ou mauvaise, la couleur ou la forme soit des personnes, soit des choses. Exemple : *un homme sage*, *une femme sage*; *un papier blanc*, *une plume blanche*. 2° Le *comparatif*, quand, outre la qualité, on établit encore une comparaison entre deux objets. Exemple : *cet homme est plus sage que son voisin*, *cette femme est plus sage que sa voisine*; *ce papier est plus blanc que le vôtre*, *cette plume est plus blanche que la mienne*. 3° Le *superlatif*, quand on affirme que la qualité est dans le plus haut ou dans un très-haut degré de perfection ou d'imperfection. Exemple : *un homme très-sage*, *une femme très-sage*, etc.

Il y a des comparatifs de *supériorité*, comme : *un homme plus sage*, *une femme plus sage*; d'*égalité*, comme : *un homme aussi sage*, *une femme aussi sage*; d'*infériorité*, comme : *un homme moins sage*, *une femme moins sage*. On voit que les adverbes *plus*, *aussi*, *moins*, marquent les différents degrés de qualité que l'on attribue au nom. Cependant les adjectifs *bon*, *petit*, *mauvais*, font exception à la règle; ils forment leur comparatif sans le secours d'un adverbe. *Bon* fait *meilleur*, *petit* fait *moindre*, et *mauvais* fait *pire*.

On distingue deux sortes de *superlatifs* : le superlatif *absolu*, et le superlatif *relatif*. Le superlatif absolu exprime une qualité portée au plus haut degré de perfection sans comparaison, et il ne peut être précédé que d'un adverbe, tel que *très*, *fort*, *bien*. Exemple : *un ami sincère est très-rare*, *fort rare*, *bien rare*. Le superlatif relatif exprime la qualité dans le plus haut degré de perfection avec comparaison; il se forme en laçant devant le comparatif de supériorité ou d'infériorité, les mots *le*, *la*, *les*, *mon*, *ton*, *son*, *notre*, *votre*, *leur*. Exemple : *le mensonge est le plus bas des vices. La rose est la plus belle des fleurs. L'homme est son plus dangereux ennemi.*

CHAPITRE IV.

DU PRONOM.

Le *pronom* est un mot qu'on met à la place d'un nom d'abord énoncé, afin d'en éviter la répétition.

Exemple : *Dieu est juste, il récompensera l'homme de bien.* Le pronom *il* est mis ici pour *Dieu*, car la redite de ce nom serait ennuyeuse et choquerait l'oreille.

Il y a cinq sortes de pronoms : les pronoms *personnels*, les pronoms *démonstratifs*, les pronoms *possessifs*, les pronoms *relatifs*, et les pronoms *interrogatifs*.

Des pronoms personnels.

Les pronoms *personnels* indiquent le rang que les personnes et les choses occupent dans les discours.

Il y a trois personnes : la première est celle qui parle, *je lis* ; la seconde est celle à qui l'on parle, *tu lis* ; la troisième est celle de qui l'on parle, *il* ou *elle lit.*

1re PERSONNE.	3e PERSONNE.	3e PERSONNE.
Singulier.	*Singulier.*	*Singulier.*
Je, me, moi.	Tu, te, toi.	Il, elle, se, soi.
Pluriel.	*Pluriel.*	*Pluriel.*
Nous.	Vous.	Ils, elles, eux.

Remarquez. 1° *Le, la, les*, deviennent pronoms personnels toutes les fois qu'ils accompagnent un verbe. Exemple : *ces fruits sont mûrs, il faut les cueillir*, c'est-à-dire, *il faut cueillir eux.* 2° *Se, soi*, ne changent point d'orthographe, non plus que *leur* devant un verbe.

3° *En, y*, sont aussi pronoms personnels quand ils représentent des personnes ou des choses. Exemple : *il connaît sa langue, car il en parle savamment ; l'affaire est importante, donnez-y vos soins*, c'est-à-dire, donnez vos soins *à elle.* Mais *en, y*, sont considérés comme adverbes, toutes les fois qu'ils indiquent le lieu. Exemple : *j'en viens, j'en sors, j'y suis, j'y vas*. C'est comme si l'on disait : *je viens de là, je sors de là, je suis là, je vais là.*

4° *Vous* s'emploie pour *tu*, lorsqu'on ne s'adresse qu'à une personne qui nous est supérieure. Exemple : *je vous remercie, madame.* Le pronom *il* marque encore plus de respect : *monsieur voudrait-il me permettre ? madame est-elle indisposée ?*

5° Il faut éviter de placer les mots *monsieur*, *madame*, etc., après un nom quelconque Ainsi, ne dites pas : *c'est un âne, monsieur; c'est une bête, madame; c'est une sotte, mademoiselle.* Il faut dire : *monsieur, c'est un âne; madame, c'est une bête; mademoiselle, c'est une sotte.*

Des pronoms démonstratifs.

Les pronoms *démonstratifs* servent à indiquer les personnes ou les choses dont nous parlons, et les rappellent à notre esprit d'une manière si sensible, que nous croyons les voir lors même qu'elles sont absentes.

Ces pronoms sont :

Ce, celui, ceux, celle, celles, celui-ci, ceux-ci, celle-ci, celles-ci, celui-là, ceux-là, celle-là, celles-là, ceci, cela.

Remarquez. 1° *Celui-ci, celle-ci, ceci,* indiquent des choses plus près de nous; *celui-là, celle-là, cela,* des objets plus éloignés. Exemple : *je n'aime pas celui-ci, celle-ci, ceci; je préfère celui-là, celle-là, cela.* 2° Lorsqu'on parle de deux objets déja énoncés, *celui-ci* tient lieu du dernier, et *celui-là* remplace le premier. Exemple : *Héraclite et Démocrite étaient d'un caractère tout différent : celui-là riait toujours, celui-ci pleurait sans cesse.*

Des pronoms possessifs.

Les pronoms *possessifs* servent à déterminer la signification d'un, nom, et lui donnent en même temps une idée de possession.

Ces pronoms sont :

	SINGULIER.		PLURIEL.	
	Masculin.	*Féminin.*	*Masculin.*	*Féminin.*
1re *Pers.*	Le mien.	La mienne.	Les miens.	Les miennes.
2e *Pers.*	Le tien.	La tienne.	Les tiens.	Les tiennes.
3e *Pers.*	Le sien.	La siennne.	Les siens.	Les siennes.
1re *Pers.*	Le nôtre.	La nôtre.	Les nôtres.	Les nôtres.
2e *Pers.*	Le vôtre.	La vôtre.	Les vôtres.	Les vôtres.
3e *Pers.*	Le leur.	La leur.	Les leurs.	Les leurs.

Remarque. Dans *notre*, *votre*, précédés de *le*, *la*, *les*, on met un accent circonflexe sur la voyelle *o*.

Des pronoms relatifs.

Les pronoms *relatifs* sont ainsi appelés parce qu'ils ont un rapport intime avec le nom ou pronom qui les précède, et qu'on appelle *antécédent*. Dans cette phrase : *Dieu qui connaît nos plus secrètes pensées*, le nom *Dieu* est l'*antécédent*, et *qui* le pronom relatif.

Ces pronoms sont :

Qui, *que*, *quoi*, *dont*, *lequel*, *lesquels*, *laquelle*, *lesquelles*.

Des pronoms interrogatifs.

Les pronoms *interrogatifs* sont ceux qu'on place toujours devant un verbe, lorsque la phrase exprime une interrogation. Par exemple : *qui appelez-vous?*

que demande cet enfant? quoi de plus beau que la vertu? quel est cet homme? etc.

Ces pronoms sont :

Qui, que, quoi, quel, quelle, lequel, laquelle, lesquels, lesquelles.

Remarque. On ne dit *que, quoi,* qu'en parlant des choses. Exemple : *que dirai-je?* c'est-à-dire, *quelle chose dirai-je? Quoi de plus beau?* c'est-à-dire, *quelle chose est plus belle?*

CHAPITRE V.

DU VERBE.

Le *verbe* est un mot dont on se sert pour exprimer ce que nous faisons et ce que les autres font, ou pour faire connaître simplement l'état dans lequel nous sommes et dans lequel sont les autres. Ainsi dans ces phrases : *je chante la gloire de Dieu; cet enfant lit*, les mots *chante, lit*, expriment l'action produite par les sujets *je, enfant*. Dans ces autres phrases : *je suis malade, l'enfant dort, le soleil brille*, les mots *suis, dort, brille*, sont des verbes, parce qu'ils déterminent l'état où se trouvent les sujets *je, enfant, soleil.*

Remarque. *Être* est le seul mot qu'on puisse proprement nommer *verbe*, parce que nul autre que lui ne peut marquer l'affirmation. *Chanter, finir, devoir, rendre*, etc., ne sont considérés comme verbes que par l'idée que nous avons du verbe *être* qu'ils renferment en eux. Si je dis par exemple : *chanter, finir, devoir, rendre*, je me fais en même temps cette nouvelle idée : *être chantant, être finissant, être devant, être rendant.*

Le verbe *être* s'appelle verbe *substantif*, lorsqu'il est considéré sous sa forme simple. Exemple : *je suis*, *j'étais*, *je fus*, *je serai*, etc.

Lorsqu'il est sous une forme composée, c'est-à-dire dans le même mot, on l'appelle verbe *adjectif*. Exemple : *je chante*, *tu finis*, *il doit*, *elle rend*, employés pour *je suis chantant*, *tu est finissant*, *il es devant*, *elle est rendant*.

Du sujet.

On appelle *sujet* ou *nominatif*, la personne qui affirme son action, ou la personne sur laquelle une autre fait retomber son action. Exemple : *je chante*, *Dieu vous voit*. Le pronom *je* est le sujet, et *chante*, le verbe qui exprime l'affirmation de l'être représenté par *je*. Le nom *Dieu* est aussi le sujet dont l'action est marqué par *voit*.

On connaît le sujet d'un verbe au moyen de ces questions : *qui est-ce qui*, en parlant des personnes, et *qu'est-ce qui* en parlant des choses. Exemple : *Dieu punira les méchants ;* faites la question : *qui est-ce qui punira ?* Répondez : *Dieu* ; ce mot de la réponse est le sujet cherché. *Le tonnerre gronde*. Faites la question : *qu'est-ce qui gronde ?* Répondez : *le tonnerre ;* ce dernier mot est le sujet de *gronde*.

Des régimes.

On distingue deux *régimes ;* le régime *direct* ou *complément direct*, et le régime *indirect* ou *complément indirect*.

Du régime direct.

Le *régime direct* est le nom ou pronom qui détermine l'action du sujet exprimée par le verbe. Il répond aux questions *qui?* pour les personnes, et *que? quoi?* pour les choses. Exemple : *le chat mange la souris*. Faites la question : *le chat mange : qui?* Répondez : *la souris ;* ce dernier mot de la réponse est le régime direct. *Cet enfant aime l'étude*. Faites la question : *cet enfant aime : quoi?* Répondez : *l'étude;* voilà le régime direct de *aime*.

Du régime indirect.

On appelle *régime indirect* le nom ou pronom qui donne à l'action du verbe une idée plus complète, ce qui a lieu à l'aide des prépositions *à*, *au*, *de*, *avec*, *dans*, *sans*, *vers*, etc. Il répond aux questions *à qui? de qui? pour qui? avec qui? sans qui? vers qui?* en parlant des personnes; et *de quoi? à quoi? pour quoi? avec quoi?* en parlant des choses. Exemple : *Dieu promet une récompense aux justes*. Question, *à qui Dieu promet-il une récompense?* Réponse, *aux justes*; voilà le régime indirect. *Je m'applique à l'étude*. Question, *à quoi m'appliqué-je?* Réponse, *à l'étude ;* ce mot de la réponse est aussi un régime indirect.

Remarque. *Le*, *la*, *les*, *que*, sont toujours régimes directs, et *lui*, *leur*, *dont*, *en*, *y*, régimes indirects, parce qu'ils signifient *à lui*, *à eux*, *duquel*, *de cela*, *à cela*. Quant à ces autres : *me*, *te*, *se*, *nous*, *vous*, ils sont tantôt régimes directs, et tantôt régimes indirects. Ils sont régimes directs toutes les fois qu'ils peuvent répondre à la question *qui?* et à la réponse *moi*, comme dans ces phrases : *on nous a trompés; le maître te regarde; cet enfant se plaint; Dieu nous a créés; quelqu'un vous appelle*. Mais dans ces nouvelles phrases : *la lecture me plaît; le devoir te commande l'obéissance; l'homme sage se suffit; la religion nous défend de mentir; une sérieuse atten-*

tion vous promet d'heureux succès; les pronoms *me*, *te*, *se*, *nous*, *vous*, tiennent la place de régimes indirects parce qu'ils satisfont à la question *à qui?* et à la réponse *à moi*, *à toi*, *à lui*, *à nous*, *à vous.*

Des verbes adjectifs.

Il y a cinq sortes de verbes *adjectifs :* le verbe *actif*, le verbe *passif*, le verbe *neutre*, le verbe *pronominal* et le verbe *impersonnel.*

Du verbe actif.

Le verbe *actif* marque l'action que fait une personne ou une autre espèce d'êtres animés (il n'y a d'animés que les hommes et les bêtes). Exemple : *enfants*, *respectez vos parents et vos maîtres.* Le mot *enfants* est le sujet, ou l'être qui agit; et *respectez*, le verbe, à l'aide duquel on distingue la nature de l'action faite par le sujet *enfants.* On connaît un verbe actif quand on peut placer après lui *quelqu'un* ou *quelque chose.* Exemple : *aimer quelqu'un ; chercher quelque chose.*

Du verbe passif.

Le verbe *passif* détermine l'action reçue ou soufferte par un être quelconque. Exemple : *ces enfants sont chéris de leurs parents.* Le mot *enfants* est bien le sujet, mais il n'est pas l'être agissant; car *sont chéris* indiquent une action qui n'a pas été faite par lui, mais qui retombe sur lui-même. Tout verbe passif est formé d'un verbe actif, en prenant le sujet pour régime indirect et le régime direct pour sujet. Exemple : *Dieu aime l'homme de bien.* Dites : *l'homme de bien est aimé de Dieu.*

Du verbe neutre.

Le verbe *neutre* a, comme le verbe actif, la propriété

de marquer une action faite par le sujet; mais il ne peut avoir de régime direct. Exemple : *je vais à la promenade; je me plais à la campagne.* On reconnaît qu'un verbe est neutre quand on ne peut mettre après lui *quelqu'un, quelque chose.* Ainsi on ne dirait pas : *aller quelqu'un; plaire quelque chose.*

Du verbe pronominal.

Le verbe *pronominal* est celui qui a toujours pour antécédents deux pronoms, ou un nom et un pronom de même personne. Exemple : *je me plais à l'étude; cet enfant se repent de sa faute.*

Remarque. Le verbe pronominal s'appelle aussi verbe *réciproque* quand il marque une action faite alternativement par deux sujets : *les armées se battent; ces marchands se nuisent.*

Du verbe impersonnel.

On nomme verbe *impersonnel*, celui qui ne s'emploie qu'à la troisième personne singulière dans tous ses temps. Exemple : *il importe, il faut, il neige, il pleut, il tonne*, etc.

NOMBRES ET PERSONNES DES VERBES.

Des verbes.

Les verbes ont, comme les noms et les adjectifs, deux nombres : le *singulier*, quand le sujet ne présente qu'une seule personne ou une seule chose. Exemple : *je crois en Dieu; tu aimes les sciences; il pratique la vertu.* Le *pluriel*, lorsque le sujet représente plusieurs personnes ou plusieurs choses. Exemple : *nous croyons en Dieu; vous aimez les sciences; ils pratiquent la vertu.*

Des personnes.

Il y a trois personnes dans les verbes : *je* désigne la première personne : *je pense ; tu* désigne la seconde ou celle à qui l'on parle : *tu lis* ; et *il* désigne la troisième ou celle dont on parle : *il voit.* Au pluriel, *nous* désigne la première personne : *nous pensons ; vous*, la seconde, *vous lisez* ; et *ils* avec une *s*, désigne la troisième : *ils doivent.*

Du mode.

Le *mode* signifie *manière :* c'est par lui qu'on distingue les différentes inflexions que subit le verbe dans l'énonciation de nos pensées.

Il y a cinq modes : l'*infinitif*, qui marque l'action d'une manière vague : *aimer Dieu ; chérir sa patrie.*

L'*indicatif*, qui marque une action présente, passée ou future : *je travaille aujourd'hui ; je fus indisposé hier ; je serai mieux demain.*

Le *conditionnel*, qui marque qu'une action aurait lieu, si quelque chose n'y mettait obstacle : *l'homme vivrait content, s'il savait borner ses désirs.*

L'*impératif*, qui marque une action dépendante d'un commandement, d'une exhortation ou du désir : *respecte tes parents et tes maîtres ; évite le mensonge ; pratiquons la vertu.*

Le *subjonctif* marque une action dépendante d'un doute, d'une crainte ou d'un souhait : *je doute que vous travailliez.*

Remarque : l'*indicatif*, le *conditionnel*, l'*impératif* et le *subjonctif*, sont appelés *modes personnels*, à cause de la différence de leurs nombres et de leurs personnes. L'*infinitif* est appelé *mode impersonnel*, parce qu'il n'admet aucune de ces distinctions et que son action est toujours vague.

Des temps.

Il y a trois *temps* principaux : le *présent*, le *passé* et le *futur*. Comme ces deux derniers nous présentent l'affirmation sous des idées différentes d'antériorité et de postériorité, il a fallu recourir à cinq autres temps pour compléter la théorie du verbe.

Ainsi on distingue huit sortes de temps :

Le *présent* qui marque une action au moment où l'on parle : *je chante, je finis ; tu chantes, tu finis ; il chante, il finit*, etc.

L'*imparfait* qui marque une action présente et relative à une passée : *j'écrivais lorsque vous êtes arrivé.*

Le *passé défini* qui marque une action faite dans un temps complétement écoulé : *je m'occupai hier de votre affaire.*

Le *passé indéfini* qui marque une action faite dans un temps passé, mais indéterminé, ou qui n'est pas complétement écoulé : *j'ai vu des enfants aimables ; j'ai eu la fièvre cette semaine.*

Le *passé antérieur* qui marque une action faite quand une autre également passée a eu lieu : *lorsque j'eus appris cette heureuse nouvelle, j'en fis aussitôt part à mes amis.*

Le *plus-que-parfait* qui marque une action comme entièrement passée, mais suivie néanmoins d'une autre action passée : *il n'avait pas encore achevé sa lettre quand le courrier l'a fait demander.*

Le *futur* marque une action faite dans un temps ni présent ni passé, mais qui doit avoir lieu : *les méchants seront punis de Dieu, et les hommes de bien en obtiendront une récompense éternelle.*

Le *futur antérieur* qui marque une action de priorité

ou qui sera déjà faite lorsqu'une autre action se fera : *j'aurai fini mon ouvrage lorsque vous viendrez me voir.*

Ces temps qu'on vient de rapporter se divisent en *simples* et en *composés.*

On nomme temps *simples*, tous ceux dont chaque personne n'a que deux mots ; le pronom et le verbe qui vient après. Exemple : *je pense, tu pensais, il* ou *elle pensa ; je penserais, tu penserais*, etc.

On nomme temps *composés*, ceux qui ont plus de deux mots, c'est-à-dire, le pronom, les personnes de l'un des verbes *avoir* ou *être*, et le *participe passé* du verbe proposé. Exemple : *Dieu a créé le monde en six jours ; cet enfant a bien lu.*

Les verbes ont encore des temps *primitifs* et des temps *dérivés* ; mais nous ne traiterons cette partie qu'après avoir rapporté les deux verbes *auxiliaires.*

Quand on rapporte successivement les modes, les temps, les nombres et les personnes d'un verbe, c'est ce qu'on appelle *conjuguer.*

Il y a quatre *conjugaisons* différentes, qui se distinguent l'une de l'autre par la terminaison du présent de l'*infinitif.*

La première conjugaison a l'infinitif présent terminé en *er*, comme dans *aimer, adorer, chanter, donner, pleurer.*

La seconde conjugaison a l'infinitif présent terminé en *ir*, comme dans *bénir, finir, gravir, unir, polir.*

La troisième conjugaison a l'infinitif présent terminé en *oir*, comme dans *apercevoir, concevoir, prévoir, recevoir.*

La quatrième conjugaison a l'infinitif terminé en *re*, comme dans *attendre, défendre, entendre, rendre.*

Comme les temps composés des verbes ne peuvent se

conjuguer qu'à l'aide des personnes des auxiliaires *avoir* ou *être*, il est à propos de commencer par ces deux verbes.

VERBE *AVOIR.*		VERBE *ÊTRE.*	

INFINITIF. — 1er MODE.

Verbe avoir		Verbe être	
PRÉSENT. Avoir	du goût pour les choses utiles.	PRÉSENT. Être	prêt à obéir.
PASSÉ. Avoir eu		PASSÉ. Avoir été	
PARTICIPES.		**PARTICIPES.**	
PRÉSENT. Ayant		PRÉSENT. Étant	
PASSÉ. Eu, eue, ayant eu		PASSÉ. Été, ayant été	
FUTUR. Devant avoir		FUTUR. Devant être	

INDICATIF. — 2e MODE.

PRÉSENT.

Verbe avoir		Verbe être	
Singulier.	du goût pour les choses utiles.	*Singulier.*	
J' ai		Je suis	prêt à obéir.
Tu as		Tu es	
Il *ou* elle a		Il *ou* elle est	
Pluriel.		*Pluriel.*	
Nous avons		Nous sommes	prêts à obéir.
Vous avez		Vous êtes	
Ils *ou* elles ont		Ils *ou* elles sont	

IMPARFAIT.

Verbe avoir		Verbe être	
Singulier.	du goût pour les choses utiles.	*Singulier.*	
J' avais		J' étais	prêt à partir.
Tu avais		Tu étais	
Il avait		Il était	
Pluriel.		*Pluriel.*	
Nous avions		Nous étions	prêts à partir.
Vous aviez		Vous étiez	
Ils avaient		Ils étaient	

PASSÉ DÉFINI.

Verbe avoir		Verbe être	
Singulier.	du goût pour les choses utiles.	*Singulier.*	
J' eus		Je fus	hier au collége.
Tu eus		Tu fus	
Il eut		Il fut	
Pluriel.		*Pluriel.*	
Nous eûmes		Nous fûmes	hier au collége.
Vous eûtes		Vous fûtes	
Ils eurent		Ils furent	

PASSÉ INDÉFINI.

	Singulier.				*Singulier.*		
J'	ai	eu	du goût pour les choses utiles.	J'	ai	été	malade cette semaine.
Tu	as	eu		Tu	as	été	
Il	a	eu		Il	a	été	
	Pluriel.				*Pluriel.*		
Nous	avons	eu		Nous	avons	été	malades cette semaine.
Vous	avez	eu		Vous	avez	été	
Ils	ont	eu		Ils	ont	été	

PASSÉ ANTÉRIEUR.

	Singulier.				*Singulier.*		
J'	eus	eu	du goût pour les choses utiles.	J'	eus	été	fâché contre lui.
Tu	eus	eu		Tu	eus	été	
Il	eut	eu		Il	eut	été	
	Pluriel.				*Pluriel.*		
Nous	eûmes	eu		Nous	eûmes	été	fâchés contre lui.
Vous	eûtes	eu		Vous	eûtes	été	
Ils	eurent	eu		Ils	eurent	été	

PLUS-QUE-PARFAIT.

	Singulier.				*Singulier.*		
J'	avais	eu	du goût pour les choses utiles.	J'	avais	été	fidèle aux lois.
Tu	avais	eu		Tu	avais	été	
Il	avait	eu		Il	avait	été	
	Pluriel.				*Pluriel.*		
Nous	avions	eu		Nous	avions	été	fidèles aux lois.
Vous	aviez	eu		Vous	aviez	été	
Ils	avaient	eu		Ils	avaient	été	

FUTUR SIMPLE.

	Singulier.			*Singulier.*	
J'	aurai	du goût pour les choses utiles.	Je	serai	fidèle aux lois.
Tu	auras		Tu	seras	
Il	aura		Il	sera	
	Pluriel.			*Pluriel.*	
Nous	aurons		Nous	serons	fidèles aux lois.
Vous	aurez		Vous	serez	
Ils	auront		Ils	seront	

FUTUR COMPOSÉ.

	Singulier.				*Singulier.*		
J'	aurai	eu	du goût pour les choses utiles.	J'	aurai	été	trompé par l'ennemi.
Tu	auras	eu		Tu	auras	été	
Il	aura	eu		Il	aura	été	
	Pluriel.				*Pluriel.*		
Nous	aurons	eu		Nous	aurons	été	trompés par l'ennemi.
Vous	aurez	eu		Vous	aurez	été	
Ils	auront	eu		Ils	auront	été	

CONDITIONNEL. — 3e MODE.

PRÉSENT.

	Singulier.			*Singulier.*	
J'	aurais	du goût pour les choses utiles.	Je	serais	allé voir Paris.
Tu	aurais		Tu	serais	
Il	aurait		Il	serait	
	Pluriel.			*Pluriel.*	
Nous	aurions		Nous	serions	allés voir Paris.
Vous	auriez		Vous	seriez	
Ils	auraient		Ils	seraient	

PASSÉ.

	Singulier.				*Singulier.*		
J'	aurais	eu	du goût pour les choses utiles.	J'	aurais	été	sûr de réussir.
Tu	aurais	eu		Tu	aurais	été	
Il	aurait	eu		Il	aurait	été	
	Pluriel.				*Pluriel.*		
Nous	aurions	eu		Nous	aurions	été	sûrs de réussir.
Vous	auriez	eu		Vous	auriez	été	
Ils	auraient	eu		Ils	auraient	été	

IMPÉRATIF. — 4e MODE.

On supprime ici tous les pronoms, les première et troisième personnes singulières, ainsi que le pluriel de cette dernière.

Singulier.		*Singulier.*	
Aie	pitié des pauvres.	Sois	sage.
Pluriel.		*Pluriel.*	
Ayons		Soyons	sages.
Ayez		Soyez	

SUBJONCTIF. — 5e MODE.

PRÉSENT OU FUTUR.

	Singulier.					*Singulier.*		
Il faut, il faudra				Il faut, il faudra				
Que	j'	aie	du goût pour les choses utiles.	Que	je	sois	sage et soumis.
Que	tu	aies		Que	tu	sois	
Qu'	il	ait		Qu'	il	soit	
	Pluriel.				*Pluriel.*		
Que	nous	ayons		Que	nous	soyons	sages et soumis.
Que	vous	ayez		Que	vous	soyez	
Qu'	ils	aient		Qu'	ils	soient	

IMPARFAIT.

Singulier.					*Singulier.*			
Il fallait, il fallut, il a fallu, il faudrait, etc.					Il fallait, il fallut, il a fallu, il faudrait, etc.			
Que	j'	eusse	du goût pour les choses utiles.		Que	je	fusse	ami de l'étude.
Que	tu	eusses			Que	tu	fusses	
Qu'	il	eût			Qu'	il	fût	
Pluriel.					*Pluriel.*			
Que	nous	eussions			Que	nous	fussions	amis de l'étude.
Que	vous	eussiez			Que	vous	fussiez	
Qu'	ils	eussent			Qu'	ils	fussent	

PASSÉ.

Singulier.						*Singulier.*				
Il faut						Il faut				
Que	j'	aie	eu	du goût pour les choses utiles.		Que	j'	aie	été	trompé cette fois.
Que	tu	aies	eu			Que	tu	aies	été	
Qu'	il	ait	eu			Qu'	il	ait	été	
Pluriel.						*Pluriel.*				
Que	nous	ayons	eu			Que	nous	ayons	été	trompés cette fois.
Que	vous	ayez	eu			Que	vous	ayez	été	
Qu'	ils	aient	eu			Qu'	ils	aient	été	

PLUS-QUE-PARFAIT.

Singulier.						*Singulier.*				
Il aurait fallu						Il aurait fallu				
Que	j'	eusse	eu	du goût pour les choses utiles.		Que	j'	eusse	été	près de partir.
Que	tu	eusses	eu			Que	tu	eusses	été	
Qu'	il	eût	eu			Qu'	il	eût	été	
Pluriel.						*Pluriel.*				
Que	nous	eussions	eu			Que	nous	eussions	été	près de partir.
Que	vous	eussiez	eu			Que	vous	eussiez	été	
Qu'	ils	eussent	eu			Qu'	ils	eussent	été	

Observation. Le récit de ces premiers verbes et de ceux qui vont suivre ne doit pas s'opérer comme on le fait avec les autres grammaires. En récitant les personnes d'un temps, les enfants auront soin d'annoncer la personne et la lettre ou les lettres qui la terminent. Soit proposé l'imparfait de l'indicatif, on dira : 1re personne, *j'étais*, *s* final ; 2e personne, *tu étais*, *s* final ; 3e personne, *il était*, *t* final, etc.

Quand les enfants auront ainsi parcouru attentivement

quelques temps d'un verbe, ils se feront des questions réciproquement, tantôt sur la lettre finale, tantôt sur les terminaisons qui distinguent chaque temps, et tantôt sur le nombre de modes.

Des temps primitifs.

On appelle temps *primitifs* ceux qui servent à former les autres; et temps *dérivés*, ceux qui sont formés des primitifs.

Il y a cinq temps primitifs :

Le *présent* de l'*infinitif*, le *participe présent*, le *participe passé*, le *présent* de l'*indicatif* et le *passé défini*.

Formation des temps.

De l'*infinitif* on forme trois temps :

1° Le *singulier* du présent de l'indicatif par le changement de la terminaison *er* en *e*, *es*, *e*, pour la première conjugaison. *Chanter. — Je chante, tu chantes, il chante.* De la terminaison *ir* en *is*, *is*, *it*, pour la seconde. *Polir. — Je polis, tu polis, il polit.* De la terminaison *evoir* en *ois*, *ois*, *oit*, pour la troisième. *Recevoir. — Je reçois, tu reçois, il reçoit.* De la terminaison *re* en *s*, pour la quatrième. *Rendre. — Je rends, tu rends, il rend.*

2° Le *futur* par le changement de *r* en *rai*, *ras*, *ra*; *rons*, *rez*, *ront*, dans les deux premières conjugaisons. *Chanter. — Je chanterai, tu chanteras, il chantera; nous chanterons, vous chanterez, ils chanteront. Polir. — Je polirai, tu poliras, il polira; nous polirons, vous polires, ils poliront.* Et dans les deux dernières, par le changement de *oir*, *re*, en *rai*, *ras*, *ra*; *rons*, *rez*, *ront*. *Devoir. — Je devrai, tu devras, il devra; nous devrons, vous devrez, ils devront. Rendre. — Je rendrai, tu rendras, il rendra ; nous rendrons, vous rendrez, ils rendront.*

3° Le *conditionnel* par le changement de *r* en *rais, rais, rait; rions, riez, raient*, dans les deux premières conjugaisons, et par celui des terminaisons *oir*, *re*, pour les deux autres. *Chanter. — Je chanterais, tu chanterais, il chanterait; nous chanterions, vous chanteriez, ils chanteraient. Polir. — Je polirais, tu polirais, il polirait; nous polirions, vous poliriez, ils poliraient. Recevoir. — Je recevrais, tu recevrais, il recevrait; nous recevrions, vous recevriez, ils recevraient. Rendre. — Je rendrais, tu rendrais, il rendrait; nous redrions, vous rendriez, ils rendraient.*

Du *participe présent* on forme trois temps :

1° Les personnes plurielles du présent de l'indicatif par le changement de *ant* en *ons*, *ez*, *ent*. *Chantant. — Nous chantons, vous chantez, ils chantent. Polissant. — Nous polissons, vous polissez, ils polissent. Recevant. — Nous recevons, vous recevez, ils reçoivent. Rendant. — Nous rendons, vous rendez, ils rendent.*

2° L'*imparfait* de l'indicatif par le changement de *ant* en *ais, ais, ait; ions, iez, aient. Chantant. — Je chantais, tu chantais, il chantait; nous chantions, vous chantiez, ils chantaient*, etc.

3° Le *présent du subjonctif* par le changement de *ant* en *e, es, e; ions, iez, ent;* excepté la troisième conjugaison qui change *evant* en *oive, oives, oive* dans le singulier, et *oivent* dans la troisième personne plurielle. *Chantant. — Que je chante, que tu chantes, qu'il chante; que nous chantions, que vous chantiez, qu'ils chantent. Recevant. — Que je reçoive, que tu reçoives*, *qu'il reçoive; que nous recevions*, *que vous receviez*, *qu'ils reçoivent*, etc.

Le *participe passé* forme tous les temps composés, à l'aide des personnes de l'un des temps du verbe *avoir* ou du verbe *être*, comme dans *j'ai chanté, j'eus chanté*, *j'avais chanté*, etc.

Du *présent de l'indicatif* on forme l'impératif en supprimant les pronoms, ainsi que la 1re, 3e personne singulière et la 3e plurielle. *Tu chantes; nous chantons*, *vous chantez.* — *Chante; chantons*, *chantez.* (Dans la 1re conjugaison la seconde personne de l'impératif ne prend point d'*s*.)

Du *passé défini* on forme l'imparfait du subjonctif par le changement de *ai* en *asse*, *asses*, *ât*; *assions*, *assiez*, *assent*, pour la première conjugaison; et par l'addition *se*, *ses*, *t*; *sions*, *siez*, *sent*, pour les trois autres. *Je chantai.* — *Que je chantasse*, *que tu chantasses*, *qu'il chantât*; *que nous chantassions*, *que vous chantassiez*, *qu'ils chantassent*. *Je polis.* — *Que je polisse*, *que tu polisses*, *qu'il polît*; *que nous polissions*, *que vous polissiez*, *qu'ils polissent*, etc. On voit que la troisième personne singulière de ce temp prend seulement un *t* avec un accent *circonflexe* sur la voyelle précédente..

Remarque. Les participes *présent* et *passé* ne sont pas seulement des temps primitifs, mais ce sont aussi des temps dérivés. Dans la 1re, 3e et 4e conjugaison, le participe *présent* se forme du présent de l'infinitif par le changement de sa terminaison en *ant*, et en *issant* pour la seconde conjugaison. Ainsi, des infinitifs *chanter*, *polir*, *recevoir*, *rendre*, on obtient les participes: *chantant*, *polissant*, *recevant*, *rendant*. (Cette règle s'applique à la plupart des verbes, même irréguliers.)

Le participe *passé* se forme encore du présent de l'infinitif par le changement de sa terminaison en *é*, *i* pour les deux premières conjugaisons, et en *u* pour les autres. *Recevoir*, participe passé, *reçu* ; *rendre*, participe passé, *rendu*.

Avant de proposer le récit des quatre conjugaisons, nous dirons ce qu'on doit entendre par les mots *radicale* et *terminaison*.

On nomme *radicale* ou *racine* d'un verbe, la partie de l'infinitif jusques et compris la consonne qui commence la dernière syllabe, et *terminaison*, ce qui vient après. *Chanter*, *polir*, *recevoir*, *rendre*, ont donc pour radicale, *chant*, *pol*, *recev*, *rend*, et pour terminaison, *er*, *ir*, *oir*, *re*.

Comme on ne peut ni réciter, ni écrire convenablement un verbe sans connaître parfaitement les terminaisons de ses différents temps et de ses différentes personnes, les enfants devront commencer par cette étude essentielle. Ensuite, ils ajouteront aux terminaisons à la droite de l'accolade, la radicale placée à la gauche, et ils conjugueront le verbe tel qu'on le fait ordinairement, c'est-à-dire, en rapportant les nombres et les pronoms.

C'est à ce nouvel exercice qu'il faut rendre compte de la lettre ou des lettres qui terminent chaque personne.

1re CONJUGAISON, *en* ER.		2e CONJUGAISON, *en* IR.	

INFINITIF. — 1er MODE.

PRÉSENT.	Chanter.	PRÉSENT.	Polir.
PASSÉ.	Avoir chanté.	PASSÉ.	Avoir poli.

PARTICIPES.	PARTICIPES.
PRÉSENT. Chantant.	PRÉSENT. Polissant.
PASSÉ. Chanté, chantée, ayant chanté.	PASSÉ. Poli, polie, ayant poli.
FUTUR. Devant chanter.	FUTUR. Devant polir.

INDICATIF. — 2e MODE.

PRÉSENT.

Les terminaisons de ce temps sont :

Je	*chant*	e.	Je	*pol*	is.
Tu		es.	Tu		is.
Il *ou* elle		e.	Il *ou* elle		it.
Nous		ons.	Nous	*poliss*	ons.
Vous		ez.	Vous		ez.
Ils *ou* elles		ent.	Ils *ou* elles		ent.

IMPARFAIT.

Les terminaisons de ce temps sont :

Je	*chant*	ais.	Je	*poliss*	ais.
Tu		ais.	Tu		ais.
Il		ait.	Il		ait.
Nous		ions.	Nous		ions.
Vous		iez.	Vous		iez.
Ils		aient.	Ils		aient.

PASSÉ DÉFINI.

Les terminaisons de ce temps sont :

Je	*chant*	ai.	Je	*pol*	is.
Tu		as.	Tu		is.
Il		a.	Il		it.
Nous		âmes.	Nous		îmes.
Vous		âtes.	Vous		îtes.
Ils		èrent.	Ils		irent.

PASSÉ INDÉFINI.

Ce temps est formé du présent indicatif de l'auxiliaire *avoir* et du participe passé du verbe proposé.

J'	ai	*chant*	é.	J'	ai	*pol*	i.
Tu	as		é.	Tu	as		i.
Il	a		é.	Il	a		i.
Nous	avons		é.	Nous	avons		i.
Vous	avez		é.	Vous	avez		i.
Ils	ont		é.	Ils	ont		i.

PASSÉ ANTÉRIEUR.

Ce temps est composé du passé défini de l'auxiliaire *avoir* et du participe passé du verbe proposé.

J'	eus		é.	J'	eus		i.
Tu	eus		é.	Tu	eus		i.
Il	eut	*chant*	é.	Il	eut	*pol*	i.
Nous	eûmes		é.	Nous	eûmes		i.
Vous	eûtes		é.	Vous	eûtes		i.
Ils	eurent		é.	Ils	eurent		i.

PLUS-QUE-PARFAIT.

Ce temps est composé de l'imparfait indicatif de l'auxiliaire *avoir* et du participe passé du verbe proposé.

J'	avais		é.	J'	avais		i.
Tu	avais		é.	Tu	avais		i.
Il	avait	*chant*	é.	Il	avait	*pol*	i.
Nous	avions		é.	Nous	avions		i.
Vous	aviez		é.	Vous	aviez		i.
Ils	avaient		é.	Ils	avaient		i.

FUTUR SIMPLE.

Les terminaisons de ce temps sont :

Je		erai.	Je		irai.
Tu		eras.	Tu		iras.
Il	*chant*	era.	Il	*pol*	ira.
Nous		erons.	Nous		irons.
Vous		erez.	Vous		irez.
Ils		eront.	Ils		iront.

FUTUR COMPOSÉ.

Ce temps est composé du futur de l'auxiliaire *avoir* et du participe passé du verbe proposé.

J'	aurai		é.	J'	aurai		i.
Tu	auras		é.	Tu	auras		i.
Il	aura	*chant*	é.	Il	aura	*pol*	i.
Nous	aurons		é.	Nous	aurons		i.
Vous	aurez		é.	Vous	aurez		i.
Ils	auront		é.	Ils	auront		i.

CONDITIONNEL. — 3e MODE.

PRÉSENT.

Les terminaisons de ce temps sont :

Je		erais.	Je		irais.
Tu		erais.	Tu		irais.
Il	*chant*	erait.	Il	*pol*	irait.
Nous		erions.	Nous		irions.
Vous		eriez.	Vous		iriez.
Ils		eraient.	Ils		iraient.

PASSÉ.

Ce temps est composé du conditionnel de l'auxiliaire *avoir* et du participe passé du verbe proposé.

J'	aurais	*chant*	é.	J'	aurais	*pol*	i.
Tu	aurais		é.	Tu	aurais		i.
Il	aurait		é.	Il	aurait		i.
Nous	aurions		é.	Nous	aurions		i.
Vous	auriez		é.	Vous	auriez		i.
Ils	auraient		é.	Ils	auraient.		i.

On dit aussi :

J'	eusse	*chant*	é.	J'	eusse	*pol*	i.
Tu	eusses		é.	Tu	eusses		i.
Il	eût		é.	Il	eût		i.
Nous	eussions		é.	Nous	eussions		i.
Vous	eussiez		é.	Vous	eussiez		i.
Ils	eussent		é.	Ils	eussent.		i.

IMPÉRATIF. — 4e MODE.

On supprime ici tous les pronoms, la 1re et la 3e personne singulières, ainsi que le pluriel de cette dernière.

Chant	e.	*Pol*	is.
	ons.	*Poliss*	ons.
	ez.		ez.

SUBJONCTIF. — 5e MODE.

PRÉSENT OU FUTUR.

Les terminaisons de ce temps sont :

Que je	*chant*	e.	Que je	*poliss*	e.
Que tu		es.	Que tu		es.
Qu' il		e.	Qu' il		e.
Que nous		ions.	Que nous		ions.
Que vous		iez.	Que vous		iez.
Qu' ils		ent.	Qu' ils		ent.

IMPARFAIT.

Les terminaisons de ce temps sont :

Que je	*chant*	asse.	Que je	*pol*	isse.
Que tu		asses.	Que tu		isses.
Qu' il		ât.	Qu' il		ît.
Que nous		assions.	Que nous		issions.
Que vous		assiez.	Que vous		issiez.
Qu' ils		assent.	Qu' ils		issent.

PASSÉ.

Ce temps est composé de l'auxiliaire *avoir* à ce même passé et du participe passé du verbe proposé.

Que	j'	aie		é.	Que	j'	aie		i.
Que	tu	aies		é.	Que	tu	aies		i.
Qu'	il	ait	*chant*	é.	Qu'	il	ait	*pol*	i.
Que	nous	ayons		é.	Que	nous	ayons		i.
Que	vous	ayez		é.	Que	vous	ayez		i.
Qu'	ils	aient		é.	Qu'	ils	aient		i.

PLUS-QUE-PARFAIT.

Ce temps est composé de l'imparfait du subjonctif de l'auxiliaire *avoir* et du participe passé du verbe proposé.

Que	j'	eusse		é.	Que	j'	eusse		i.
Que	tu	eusses		é.	Que	tu	eusses		i.
Qu'	il	eût	*chant*	é.	Qu'	il	eût	*pol*	i.
Que	nous	eussions		é.	Que	nous	eussions		i.
Que	vous	eussiez		é.	Que	vous	eussiez		i.
Qu'	ils	eussent		é.	Qu'	ils	eussent		i.

3e CONJUGAISON, *en* OIR. | 4e CONJUGAISON, *en* RE.

INFINITIF. — 1er MODE.

3e conjugaison		4e conjugaison	
PRÉSENT.	Recevoir.	PRÉSENT.	Rendre.
PASSÉ.	Avoir reçu.	PASSÉ.	Avoir rendu.

PARTICIPES.

3e conjugaison		4e conjugaison	
PRÉSENT.	Recevant.	PRÉSENT.	Rendant.
PASSÉ.	Reçu, reçue, ayant reçu.	PASSÉ.	Rendu, rendue, ayant rendu.
FUTUR.	Devant recevoir.	FUTUR.	Devant rendre.

INDICATIF. — 2e MODE.

PRÉSENT.

Les terminaisons de ce temps sont :

Je	*rec*	ois.	Je		s.
Tu		ois.	Tu		s.
Il		oit.	Il	*rend*	».
Nous	*recev*	ons.	Nous		ons.
Vous		ez.	Vous		ez.
Ils	*reç*	oivent.	Ils		ent.

IMPARFAIT.

Les terminaisons de ce temps sont :

Je	recev	ais.	Je	rend	ais.
Tu		ais.	Tu		ais.
Il		ait.	Il		ait.
Nous		ions.	Nous		ions.
Vous		iez	Vous		iez.
Ils		aient.	Ils		aient.

PASSÉ DÉFINI.

Les terminaisons de ce temps sont :

Je	rec	us.	Je	rend	is.
Tu		us.	Tu		is.
Il		ut.	Il		it.
Nous		ûmes.	Nous		îmes.
Vous		ûtes.	Vous		îtes.
Ils		urent.	Ils		irent.

PASSÉ INDÉFINI.

Ce temps est formé du présent indicatif de l'auxiliaire *avoir* et du participe passé du verbe proposé.

J'	ai	reç	u.	J'	ai	rend	u.
Tu	as		u.	Tu	as		u.
Il	a		u.	Il	a		u.
Nous	avons		u.	Nous	avons		u.
Vous	avez		u.	Vous	avez		u.
Ils	ont		u.	Ils	ont		u.

PASSÉ ANTÉRIEUR.

Ce temps est composé du passé défini de l'auxiliaire *avoir* et du participe passé du verbe proposé.

J'	eus	reç	u.	J'	eus	rend	u.
Tu	eus		u.	Tu	eus		u.
Il	eut		u.	Il	eut		u.
Nous	eûmes		u.	Nous	eûmes		u.
Vous	eûtes		u.	Vous	eûtes		u.
Ils	eurent		u.	Ils	eurent		u.

PLUS-QUE-PARFAIT.

Ce temps est composé de l'imparfait indicatif de l'auxiliaire *avoir* et du participe passé du verbe proposé.

J'	avais	reç	u.	J'	avais	rend	u.
Tu	avais		u.	Tu	avais		u.
Il	avait		u.	Il	avait		u.
Nous	avions		u.	Nous	avions		u.
Vous	aviez		u.	Vous	aviez		u.
Ils	avaient		u.	Ils	avaient		u.

FUTUR SIMPLE.

Les terminaisons de ce temps sont :

Je		rai.	Je		rai.
Tu		ras.	Tu		ras.
Il	recev	ra.	Il	rend	ra.
Nous		rons.	Nous		rons.
Vous		rez.	Vous		rez.
Ils		ront.	Ils		ront.

FUTUR COMPOSÉ.

Ce temps est composé du futur de l'auxiliaire *avoir* et du participe passé du verbe proposé.

J'	aurai		u.	J'	aurai		u.
Tu	auras		u.	Tu	auras		u.
Il	aura	rec	u.	Il	aura	rend	u.
Nous	aurons		u.	Nous	aurons		u.
Vous	aurez		u.	Vous	aurez		u.
Ils	auront		u.	Ils	auront		u.

CONDITIONNEL. — 3e MODE.

PRÉSENT.

Les terminaisons de ce temps sont :

Je		rais.	Je		rais.
Tu		rais.	Tu		rais.
Il	recev	rait.	Il	rend	rait.
Nous		rions.	Nous		rions.
Vous		riez.	Vous		riez.
Ils		raient.	Ils		raient.

PASSÉ.

Ce temps est composé du conditionnel de l'auxiliaire *avoir* et du participe passé du verbe proposé.

J'	aurais		u.	J'	aurais		u.
Tu	aurais		u.	Tu	aurais		u.
Il	aurait	reç	u.	Il	aurait	rend	u.
Nous	aurions		u.	Nous	aurions		u.
Vous	auriez		u.	Vous	auriez		u.
Ils	auraient		u.	Ils	auraient		u.

On dit aussi :

J'	eusse		u.	J'	eusse		u.
Tu	eusses		u.	Tu	eusses		u.
Il	eût	reç	u.	Il	eût	rend	u.
Nous	eussions		u.	Nous	eussions		u.
Vous	eussiez		u.	Vous	eussiez		u.
Ils	eussent		u.	Ils	eussent		u.

IMPÉRATIF. — 4e MODE.

On supprime ici tous les pronoms, la 1re et la 3e personne singulières, ainsi que le pluriel de cette dernière.

Reç	ois.	*Rend*	s.
Recev	ons.		ons.
	ez.		ez.

SUBJONCTIF. — 5e MODE.

PRÉSENT OU FUTUR.

Les terminaisons de ce temps sont :

Que je	*reç*	oive.	Que je	*rend*	e.
Que tu		oives.	Que tu		es.
Qu' il		oive.	Qu' il		e.
Que nous	*recev*	ions.	Que nous		ions.
Que vous		iez.	Que vous		iez.
Qu' ils	*reç*	oivent.	Qu' ils		ent.

IMPARFAIT.

Les terminaisons de ce temps sont :

Que je	*reç*	usse.	Que je	*rend*	isse.
Que tu		usses.	Que tu		isses.
Qu' il		ût.	Qu' il		ît.
Que nous		ussions.	Que nous		issions.
Que vous		ussiez.	Que vous		issiez.
Qu' ils		ussent.	Qu' ils		issent.

PASSÉ.

Ce temps est composé de l'auxiliaire *avoir* à ce même passé et du participe passé du verbe proposé.

Que j'	aie	*reç*	u.	Que j'	aie	*rend*	u.
Que tu	aies		u.	Que tu	aies		u.
Qu' il	ait		u.	Qu' il	ait		u.
Que nous	ayons		u.	Que nous	ayons		u.
Que vous	ayez		u.	Que vous	ayez		u.
Qu' ils	aient		u.	Qu' ils	aient		u.

PLUS-QUE-PARFAIT.

Ce temps est composé de l'imparfait du subjonctif de l'auxiliaire *avoir* et du participe passé du verbe proposé.

Que j'	eusse	*reç*	u.	Que j'	eusse	*rend*	u.
Que tu	eusses		u.	Que tu	eusses		u.
Qu' il	eût		u.	Qu' il	eût		u.
Que nous	eussions		u.	Que nous	eussions		u.
Que vous	eussiez		u.	Que vous	eussiez		u.
Qu' ils	eussent		u.	Qu' ils	eussent		u.

Les conjugaisons qu'on vient de rapporter pouvant faciliter le récit de toute espèce de verbes, nous croyons qu'il serait superflu de proposer de nouveaux modèles. Il suffira de faire observer que le verbe *passif* se conjugue dans tous ses temps avec l'auxiliaire *être* et le participe passé du verbe *actif*, comme *je suis aimé*, *tu es aimé*, *il est aimé*; *nous sommes aimés*, *vous êtes aimés*, *ils sont aimés*, etc.

Les verbes *pronominaux* et plusieurs *neutres* se conjuguent dans leurs temps simples de même que *chanter*, *polir*, etc.; comme *je me blesse*, *tu te blesses*, *il se blesse*; *nous nous blessons*, *vous vous blessez*, *ils se blessent*. — *Je pars*, *tu pars*, *il part*; *nous partons*, *vous partez*, *ils partent*. Mais ils prennent l'auxiliaire *être* aux temps composés. *Je me suis blessé*, *tu t'es blessé*, *il s'est blessé*; *nous nous sommes blessés*, *vous vous êtes blessés*, *ils se sont blessés*. — *J'étais parti*, *tu étais parti*, *il était parti*; *nous étions partis*, *vous étiez partis*, *ils étaient partis*.

Les verbes *impersonnels* se conjuguent à leur troisième personne suivant le modèle des conjugaisons : *Il faut*, *il fallait*, *il a fallu*, etc.

REMARQUE

SUR LES CONJUGAISONS.

1re Conjugaison. Quand l'infinitif se termine en *cer* on marque le *c* d'une cédille devant *a*, *o*. Exemple : *menacer*. — *Menaçant*, *menaçons*. Quand l'infinitif se termine en *ger*, le *g* prend un *e* muet devant *a*, *o*. Exemple : *manger*. — *Mangeant*, *mangeons*.

Si l'infinitif se termine en *éer* comme *agréer*, *suppléer*, les deux *e* se conservent au présent de l'indicatif *j'agrée*, *je supplée*; au futur, *j'agréerai*, *je suppléerai*; au conditionnel, *j'agréerais*, *je suppléerais*; au subjonctif présent, *que j'agrée*, *que je supplée*.

E ou *é* se marque d'un accent grave devant une syllabe muette. *Mener*, *céder*. — *Je mène*, *je cède*.

Lorsque l'infinitif est en *eler*, *eter*, on double la consonne : *appeler*, *jeter*. — *J'appelle*, *je jette*.

Lorsque l'infinitif ou le participe présent prend un *y*, on ajoute un *i* dans les deux plurielles de l'imparfait de l'indicatif et du subjonctif. *Employer*. — *Nous employions*, *vous employiez*; *que nous employions*, *que vous employiez*. *Croyant*. — *Nous croyions*, *vous croyiez*, etc.

Les verbes en *ier*, comme *prier*, prennent deux *i* dans les personnes plurielles de l'imparfait de l'indicatif et du subjonctif. *Prier*. — *Nous priions*, *vous priiez*; *que nous priions*, *que vous priiez*.

Les verbes en *ouer*, *uer*, prennent à ces mêmes personnes un *ï* surmonté d'un tréma. *Louer*, *saluer*. — *Nous louïons*, *vous louïez*; *nous saluïons*, *vous saluïez*, etc.

2e Conjugaison. Les verbes en *enir* font *iens* au singulier du présent de l'indicatif, et *iennent* à la troisième personne plurielle. *Venir*. — *Je viens*, *tu viens*, *il vient*; *ils viennent*. Au passé défini, *in*. *Venir*. — *Je vins*, *tu vins*, *il vint*; *nous vînmes*, *vous vîntes*, *ils vinrent*. Au futur, *iendrai*. *Venir*.—*Je viendrai*; et de même pour le conditionnel. Au singulier du présent du subjonctif *enne*, et *ennent* à la 3e personne plurielle. *Venir*. — *Que je vienne*, *que tu viennes*, *qu'il vienne*; *qu'ils viennent*.

4e Conjugaison. Dans les verbes dont la radicale a deux

consonnes inséparables, comme *pr*, *tr*, la troisième personne plurielle du présent de l'indicatif est en *ennent* : le singulier du subjonctif conserve cette orthographe ainsi que sa troisième plurielle. *Prendre.* — *Ils prennent.* Subjonctif. *Que je prenne*, *que tu prennes*, *qu'il prenne; qu'ils prennent.* Dans ce cas le participe passé est en *is*.

Les infinitifs en *aître, audire*, se terminent au participe présent par *issant*. *Disparaître*, *maudire.* — *Disparaissant*, *maudissant.*

Dans ceux en *aire*, *ire*, *uire*, on emploie seulement un *s*. *Plaire*, *lire*, *réduire.* — *Plaisant*, *lisant*, *réduisant.* Mais *rire* fait *riant.*

Dans les verbes en *aindre, oindre*, la radicale est *aign*, *oign*. *Plaindre*, *joindre.* — *Plaignant*, *joignant.*

Les verbes *fuir*, *déchoir*, *échoir*, *pourvoir*, *s'asseoir*, *voir*, *savoir*, font au participe présent *fuyant*, *déchéant*, *échéant*, *pourvoyant*, *s'asseyant*, *voyant*, *sachant*. La radicale primitive de ce dernier se conserve dans le pluriel de l'indicatif et dans tout l'imparfait. *Savoir.* — *Nous savons*, *vous savez*, *ils savent. Je savais*, *tu savais*, *il savait; nous savions*, *vous saviez*, *ils savaient.*

Excepté *courir*, *mourir*, *conclure*, *croire*, *croître*, *exclure*, *lire*, *moudre*, *résoudre*, *vivre*, qui font au passé défini *courus*, *mourus*, *conclus*, *crus*, *crus*, *exclus*, *lus*, *moulus*, *résolus*, *vécus*. Les verbes de seconde et quatrième conjugaison se terminent par *is* à ce même temps.

DES VERBES IRRÉGULIERS ET DES VERBES DÉFECTUEUX.

On appelle verbes *irréguliers*, ceux qui ne se conjuguent point d'après les règles établies ; et verbes *défectueux*, ceux qui ne s'emploient pas dans certains temps. (*Voyez le tableau suivant.*)

TABLEAU

DES VERBES IRRÉGULIERS.

INFINITIF PRÉSENT.	INDICATIF PRÉSENT.	FUTUR SIMPLE.	IMPÉRATIF.	SUBJONCTIF PRÉSENT.

PREMIÈRE CONJUGAISON:

Aller.	Vais.	Irai.	Va.	Aille.
Envoyer.	Envoie.	Enverrai.	Envoie.	Envoie.

SECONDE CONJUGAISON.

Acquérir.	Acquiers.	Acquerrai.	Acquiers.	Acquière.
Bouillir.	Bous.	Bouillirai.	Bous.	Bouille.
Courir,	Cours.	Courrai.	Cours.	Coure.
Cueillir.	Cueille.	Cueillerai.	Cueille.	Cueille.
Dormir.	Dors.	Dormirai.	Dors.	Dorme.
Faillir.	Faux.	Faudrai.		
Fuir.	Fuis.	Fuirai.	Fuis.	Fuie.
Mentir.	Mens.	Mentirai.	Mens.	Mente.
Mourir.	Meurs.	Mourrai.	Meurs.	Meure.
Souffrir.	Souffre.	Souffrirai.	Souffre.	Souffre.
Ouvrir.	Couvre.	Couvrirai.	Couvre.	Couvre.
Partir.	Pars.	Partirai.	Pars.	Parte.
Sentir.	Sens.	Sentirai.	Sens.	Sente.
Sortir.	Sors.	Sortirai.	Sors.	Sorte.

Observation. Pour éviter des explications trop longues et trop rebutantes, on a jugé à propos de ne figurer dans ces tableaux que les temps qui se refusent le plus aux principes de la formation.

INFINITIF PRÉSENT.	INDICATIF PRÉSENT.	FUTUR SIMPLE.	IMPÉRATIF.	SUBJONCTIF PRÉSENT.

TROISIÈME CONJUGAISON.

Déchoir.	Déchois.	Décherrai.	Déchois.	Déchoie.
Echoir.	Echois.	Echerrai.	Echois.	Echoie.
Falloir.	Faut.	Faudra.		Faille.
Mouvoir.	Meus.	Mouvrai.	Meus.	Meuve.
Pleuvoir.	Pleut.	Pleuvra.		Pleuve.
Pourvoir.	Pourvois.	Pourvoirai.	Pourvois.	Pourvoie.
Pouvoir.	Peux.	Pourrai.		Puisse.
Prévaloir.	Prévaux.	Prévaudrai.	Prévaux.	Prévale.
Asseoir.	Assieds.	Assiérai.	Assieds.	Asseye.
Savoir.	Sais.	Saurai.	Sache.	Sache.
Valoir.	Vaux.	Vaudrai.		Vaille.
Voir.	Vois.	Verrai.	Vois.	Voie.
Vouloir.	Veux.	Voudrai.	Veuille.	Veuille.

INFINITIF PRÉSENT.	PARTICIPE PRÉSENT.	PARTICIPE PASSÉ.	PASSÉ DÉFINI.	SUBJONCTIF PRÉSENT.

QUATRIÈME CONJUGAISON.

Absoudre.	Absolvant.	Absolu.		Absolve.
Boire.	Buvant.	Bu.	Bus.	Boive.
Bruire.	Bruyant.			
Coudre.	Cousant.	Cousu.	Cousis.	Couse.
Croire.	Croyant.	Cru.	Crus.	Croie.
Ecrire.	Ecrivant.	Ecrit.	Ecrivis.	Ecrive.
Joindre.	Joignant.	Joint.	Joignis.	Joigne.
Moudre.	Moulant.	Moulu.	Moulus.	Moule.
Prendre.	Prenant.	Pris.	Pris.	Prenne.
Résoudre.	Résolvant.	Résous.	Résolus.	Résolve.
Traire.	Trayant.	Trait.		
Vaincre.	Vainquant.	Vaincu.	Vainquis.	Vainque.

REMARQUES GÉNÉRALES

SUR LES CONJUGAISONS RÉGULIÈRES ET IRRÉGULIÈRES.

1re *Remarque.* Les verbes en *aindre*, *attre*, *ettre*, *oindre*, *oître*, *soudre*, comme *craindre*, *battre*, *mettre*, *joindre*, *croître*, *résoudre*, changent leurs terminaisons *dre*, *tre*, en *s*, *s*, *t*, dans le singulier du présent indicatif. *Crains*, *bats*, *mets*, *joins*, *crois*, *absous*.

2e *Remarque.* Les verbes en *aire*, *uire*, *ire*, *cire*, *fire*, comme *plaire*, *réduire*, *lire*, *suffire*, *circoncire*, prennent un *s* dans le participe présent. — *Plaisant*, *réduisant*, *lisant*, *suffisant*, *circoncisant*; et ceux en *aître*, *audire*, *oître*, comme *paraître*, *maudire*, *croître*, en prennent deux. — *Paraissant*, *maudissant*, *croissant*.

3e *Remarque.* Les verbes en *aindre*, *attre*, *oire*, *oître*, *oudre*, *ompre*, *ondre*, les troisième et quatrième conjugaisons régulières ont le participe passé en *u*. — *Vaincu*, *battu*, *accru*, *cru*, *cousu*, *rompu*, *répondu*, *reçu*, *attendu*; mais *circoncire*, *confire*, *dire*, *clore*, *éclore*, *écrire*, *faire*, *joindre*, *plaindre*, *séduire*, *maudire*, *mettre*, *naître*, *nuire*, *prendre*, *résoudre*, *rire*, *suffire*, font au participe passé : *circoncis*, *confit*, *dit*, *clos*, *éclos*, *écrit*, *fait*, *joint*, *plaint*, *séduit*, *maudit*, *mis*, *né*, *nui*, *pris*, *résous*, *ri*, *suffi*.

4e *Remarque.* Les seuls verbes *dire*, *faire*, font à la seconde personne du présent indicatif *dites*, *faites*; ce dernier fait au subjonctif présent *fasse*.

5e *Remarque.* Dans toute espèce de conjugaison les trois personnes singulières de l'imparfait de l'indicatif se terminent toujours par *ais*, *ais*, *ait*; celles du passé défini de la première conjugaison par *ai*, *as*, *a*; celles du conditionnel présent par *rais*, *rais*, *rait*; celles du subjonctif présent par *e*, *es*, *e*; et celles de l'imparfait de ce même mode par *sse*, *sses* et *t*, avec un accent circonflexe sur la voyelle qui précède cette dernière articulation. Le passé défini de la première conjugaison se termine au singulier par *ai*, *as*, *a*, sans exception. Dans les autres temps, les personnes singulières ont ces lettres *s*, *s*, *t* pour finales.

DE L'EMPLOI DU SUBJONCTIF.

1re *Règle*. Quand le premier verbe d'une proposition est au *présent* ou au *futur* de l'*indicatif*, on doit mettre au présent du *subjonctif* le verbe qui suit la conjonction *que*. Par exemple : *Je désire, je désirerai que vous soyez sages*. Si l'on veut exprimer une action passée, il faut employer le passé du subjonctif. Exemple : *Je suppose, je supposerai que vous m'ayez compris*. Que le premier verbe soit au *présent* ou au *futur*, le second se placera cependant à l'imparfait du *subjonctif*, s'il est suivi d'une expression conditionnelle. Exemple : *Je ne crois pas, je ne croirai pas que vous étudiassiez maintenant sans la crainte de quelque reproche de la part de vos maîtres*.

2e *Règle*. Lorsque le premier verbe est à l'un des *passés* ou à l'un des *conditionnels*, on met le second à l'imparfait du *subjonctif*, pour exprimer une action présente ou future. Exemple : *Je croyais, je crus, j'ai cru, j'avais cru, je croirais, j'aurais cru que vous vinssiez aujourd'hui me voir*. Pour marquer un passé, c'est le plus-que-parfait qu'on doit employer. Exemple : *Je croyais, je crus, j'ai cru, j'avais cru, je croirais, j'aurais cru que vous fussiez arrivé hier soir.*

Quoique le verbe énoncé d'abord soit à l'un des passés de l'indicatif ou à l'un des conditionnels, on place néanmoins le second au présent de l'indicatif, pour exprimer une action qui a lieu dans tous les temps. Exemple : *Les anciens ne croyaient pas que le soufre a la propriété d'éteindre le feu pris dans le canon d'une cheminée.*

CHAPITRE VI.

DU PARTICIPE.

Le *participe* est un mot qui tient du verbe et de l'adjectif : du verbe, parce qu'il marque une action : *un enfant étudiant ses leçons ;* de l'adjectif, parce qu'il détermine la manière d'être du mot auquel il se rapporte : *un enfant caressant, des enfants caressés.*

Dans les verbes français, on distingue deux sortes de participes, le *présent* et le *passé.* Le participe *présent*, qui se termine toujours par *ant*, n'est susceptible ni de genre ni de nombre, c'est-à-dire qu'il s'écrit au pluriel comme au singulier. Exemples : *Des hommes demeurant à Paris ; des femmes demeurant à Angers.* Il y a pourtant certains mots que l'on prendrait d'abord pour des participes présents, mais qui ne sont néanmoins que des adjectifs, qu'on appelle *adjectifs verbaux* parce qu'ils viennent des verbes. Exemples : *Des enfants doux et caressants ; des femmes obligeantes.* Ces qualificatifs sont regardés comme adjectifs verbaux, attendu qu'ils n'ont pas de régime direct, et qu'ils peuvent être précédés du relatif *qui* suivi d'un temps de l'auxiliaire *être*. En effet, on peut dire ici : *des enfants qui sont caressants*; *des femmes qui sont obligeantes*. Dans ces phrases : *Cette personne est douée des plus rares qualités : obligeant tout le monde sans distinction de fortune et de rang, s'occupant sans cesse du sort des malheureux, et protégeant l'innocent qu'on voudrait opprimer; enfin, chaque jour de sa vie est marqué par un nouveau bienfait;* les mots *obligeant, s'occupant, protégeant*, sont des participes présents, parce qu'ils ont pour régimes directs *monde, sort, innocent*. Le participe présent exprimant une action, ne peut avoir le verbe *être* pour antécédent; mais il se change en un mode personnel du verbe qui lui est propre, avec le relatif *qui*. Ces participes *obligeant, occupant*, etc., pourraient donc se tourner par *qui oblige, qui s'occupe*.

Participe passé.

1re *Règle*. Le *participe passé*, accompagné du verbe *être*, d'un *nom* ou d'un *pronom* seulement, prend le genre et le nombre du mot auquel il se rapporte. Exemple : *Un enfant sage est aimé*; *une petite fille sage est aimée*; *des enfants sages sont aimés*; *des petites filles sages sont aimées*; *ces ouvriers se sont blessés*; *ces dames se sont quittées*; *des châteaux bâtis*; *des maisons bâties*.

Exceptions. Le *participe passé*, accompagné du verbe *être*, ne s'accorde pas : 1° quand il n'a qu'un régime indirect pour incomplément. Exemple : *Plusieurs païens se sont donné la mort*. 2° Quand le *participe passé* dépend d'un verbe *neutre pronominal* dont le régime indirect est marqué par *à*, comme : *se plaire, se déplaire, se complaire, se rire, se sourire, se parler*, *se succéder*, *se nuire*, *se convenir*, *se ressembler*, *se suffire*. Exemples : *Ces hommes se sont toujours convenu*; *ces marchands se sont nui*; *ces dames se sont plu*, etc.

2e *Règle*. Le *participe passé* d'un verbe actif est susceptible de genre et de nombre, toutes les fois que le *sujet* d'une phrase est immédiatement suivi de l'un de ces mots : *que*, *la*, *les*. Exemples : *Les ouvrages que je vous ai prêtés, les avez-vous lus? La grammaire que j'ai composée, l'a-t-on accueillie dans votre pension?* Le *participe* s'accorde encore après *le peu* signifiant une petite quantité. Exemple : *Le peu d'amitié qu'on lui a témoignée.*

3e *Règle*. Le *participe passé* suivi d'un infinitif varie, lorsque le sujet fait l'action qu'on lui attribue. Exemples : *Les lièvres que j'ai vus courir*; *les brebis que j'ai vues paître*; *les soldats qu'on a contraints de marcher*, etc. Hors ce cas, on ne fait jamais d'accord.

Exception générale. Le *participe passé* accompagné de l'auxiliaire *avoir* n'est point susceptible de changement : 1° quand il est placé entre deux *que*. Exemple : *Les conseils que j'avais cru que vous suivriez*. 2° Lorsqu'il est suivi d'un autre participe et un infinitif sous-entendu, comme dans ces exemples : *Il m'a rendu tous les services qu'il a pu* (sous-entendu *rendre*); *je vous ai donné tous les soins que j'ai dû* (sous-entendu *donner*); *ils ont appris les sciences qu'ils ont voulu* (sous-entendu *apprendre*). 3° Le *participe passé* du verbe *faire* reste encore invariable lorsqu'il est accompagné d'un infinitif ou d'un verbe impersonnel. Exemples : *Les devoirs que je vous ai fait faire*; *la justice que l'on m'a fait rendre*; *les froids qu'il a fait m'ont empêché de partir*. 4° Le *participe* ne varie point quand le verbe *avoir* est précédé de *le* ou *la* pris pour *cela*, *ces choses*. Exemple : *Ces ouvrages ne sont pas tels que je l'aurais cru.*

Observation. Comme les commençants confondent assez souvent l'*infinitif* de la première conjugaison avec le *participe passé* de ce même verbe, on leur fera remarquer que le participe est toujours après l'une des personnes de *avoir* ou *être*, et s'il suit un autre verbe, on doit l'écrire à l'*infinitif*. — *Les sermons que j'ai entendu louer étaient admirables.*

CHAPITRE VII.

DE L'ADVERBE.

L'*adverbe* est un mot invariable qui se place avant ou après les verbes et les adjectifs, pour donner à nos pensées plus de précision, et de clarté. Exemple : *Cette petite fille apprend bien ses leçons.*

Parmi les *adverbes*, il y en a qui indiquent :

1° La manière : *Conséquemment*, *convenablement*, *hardiment*, *modestement*, *poliment*, *prudemment*, *richement*, *sagement*, etc.

2° L'ordre : *Auparavant*, *ensuite*, *enfin*, *d'abord*, *cinquièmement*, *secondement*, *troisièmement*, *quatrièmement*, *premièrement*.

3° Le lieu : *Ailleurs*, *au-delà*, *où*, *ici*, *y*, *auprès*, *dessus*, *dessous*, *dedans*, *dehors*, *deçà*, *loin*, *partout*, *là*.

4° Le temps : *Aujourd'hui*, *autrefois*, *avant-hier*, *alors*, *bientôt*, *demain*, *après-demain*, *jusqu'ici*, *jusqu'alors*, *jamais*, *souvent*, *tantôt*, *toujours*, etc.

5° La quantité : *Beaucoup*, *combien*, *assez*, *bien*, *tant*, *autant*, *peu*, *davantage*, *guère*, *que*, *si*, *trop*.

6° L'affirmation : *Oui*, *certes*, *d'accord*, *vraiment*, *volontiers*.

7° La négation : *Non*, *ne*, *ne pas*, *ne point*, *nullement*, *point*, *du tout*.

Des Locutions adverbiales.

On nomme *locutions adverbiales* un assemblage de mots dont l'union ne dépend ni d'un verbe, ni d'un adjectif. Telles sont, par exemple : *à contre-temps*, *à foison*, *à côté*, *d'aplomb*, *mal à propos*, *tout-à-coup*, *tout à l'heure*, *à la fois*, *tout-à-fait*, *tout à la fois*, etc.

CHAPITRE VIII.

DE LA PRÉPOSITION.

La *préposition* est un mot invariable qui sert à exprimer les rapports que les mots peuvent avoir entre eux. Exemple : *La bonté de Dieu ;* la préposition *de* marque le rapport qu'il y a entre *Dieu* et *bonté*. Et si je dis encore : *Le jeu plaît à l'enfance ; à* indique aussi le rapport qu'il y a entre le *jeu* et l'*enfance*. Les mots *de*, *à*, sont des prépositions, et *bonté*, *enfance*, des compléments.

Parmi les *prépositions*, il y en a qui servent à marquer :

1° *La place*, comme *à*, *dans*, *en*, *de*, *chez*, *devant*, *après*, *derrière*, *parmi*, *sur*, *sous*, *vers*.

2° *L'ordre*, comme *avant*, *entre*, *dès*, *depuis*.

3° *L'union*, comme *avec*, *pendant*, *durant*, *outre*, *selon*, *suivant*.

4° *L'opposition*, comme *sans*, *hors*, *excepté*.

5° *La séparation*, comme *contre*, *malgré*, *nonobstant*.

6° *Le but*, comme *envers*, *touchant*, *pour*.

7° *La cause*, *le moyen*, comme *par*, *moyennant*, *attendu*.

Des Locutions prépositives.

On appelle *locutions prépositives* un assemblage de mots dont la liaison ne dépend ni d'un verbe ni d'un adjectif, mais qui tiennent lieu de préposition. Telles sont :

A l'exception, *en faveur de*, *à l'égard de*, *à la réserve de*, *quant à*, *jusqu'à*, *par amour de*, etc.

Remarque. On distingue une locution *prépositive* par les prépositions *de*, *à*, qui viennent après.

CHAPITRE IX.

DE LA CONJONCTION.

La *conjonction* est un mot invariable qui sert à lier plusieurs phrases pour en former un sens complet qu'on nomme *période*. Par exemple : *La fortune est inconstante et la science est fidèle.* Au moyen de la conjonction *et*, cette première phrase : *la fortune est inconstante*, est liée à la seconde : *la science est fidèle.*

Parmi les *conjonctions*, il y en a qui marquent :

1° La liaison : *Et*, *ni*, *aussi*, *que*.

2° L'opposition : *Mais*, *cependant*, *néanmoins*, *pourtant*.

3° La division : *Ou*, *ou bien*, *soit*.

4° L'exception : *Sinon*, *quoique*, *bien que*.

5° La comparaison : *Comme, de même que, ainsi que.*

6° L'addition : *De plus, d'ailleurs que, outre que, encore.*

7° La raison : *Car, parce que, puisque, vu que.*

8° L'intention : *Afin que, de peur que, de crainte que.*

9° La conclusion : *Or, donc, ainsi, de sorte que.*

10° Le temps : *Quand, lorsque, tandis que, dès que.*

11° Le doute : *Si, supposé que, pourvu que, en cas que.*

Régime des conjonctions.

Il est des conjonctions qui demandent le verbe suivant à l'indicatif, et d'autres qui le veulent au subjonctif.

Les conjonctions qui régissent le subjonctif sont : *soit que, sans que, si ce n'est que, quoique, jusqu'à ce que, encore que, à moins que, pourvu que, supposé que, au cas que, avant que, non pas que, afin que, de peur que, de crainte que,* et ainsi toutes les fois qu'on marque quelque doute ou quelque désir : *Je doute que vous soyez prêt quand je partirai ; je désire que vos vœux soient exaucés.*

CHAPITRE X.

DE L'INTERJECTION.

L'*interjection* est un mot invariable dont on se sert pour exprimer les différents mouvements qui affectent notre âme, comme : la joie, l'admiration, la douleur, la surprise, la crainte, l'effroi, l'indignation, etc.

Ah! bon! expriment la joie.

Aïe! ah! hélas! ouf! expriment la douleur.

Eh! hé! expriment la plainte ; mais la dernière s'emploie plus particulièrement pour appeler.

Chut! paix! ste! commandent le silence.

O! oh! expriment l'admiration ou la satisfaction.

Ho! holà! servent à appeler quelqu'un.

Fi! exprime le dégoût ou l'aversion.

—

TRAITÉ

D'ORTHOGRAPHE PRATIQUE.

Comment se trouve la finale d'un mot ?

La finale d'un mot se trouve par son dérivé dont on retient la lettre qui commence la dernière syllabe. Ainsi, les caractères *b*, *c*, *d*, *g*, seront les finales de *plomb*, *franc*, *rond*, *sang*, parce qu'ils commencent la dernière syllabe des dérivés *plomber*, *franche*, *ronde*, *sanguin*.

Remarque. Lorsque deux lettres inséparables, telles que *ch*, *tr*, commencent la dernière syllabe du mot de la dérivation, c'est toujours la première consonne qu'on retient pour finale du mot primitif : *Franc*, *franche* ; *combat*, *combattre*.

EXERCICES

PROPRES A FAIRE TROUVER LES DÉRIVATIONS.

Mots primitifs.		*Mots dérivés.*
Abricot,	En conservant la consonne qui commence la dernière syllabe des dérivés.	abricotier.
Dent,		dentier.
Fruit,		fruitier.
Gant,		gantier.
Sabot,		sabotier.
Commis,		commise.
Diffus,		diffuse.
Franc,		franche.
Long,		longue.
Prompt,		prompte.
Accroc,		accrocher.
Bond,		bondir.
Combat,		combattre.
Matelas,		matelasser.
Tas,		tasser.

Quoique cette règle puisse s'appliquer à un nombre considérable de mots, cependant il reste encore une foule d'autres cas où elle ne pourrait conduire à la connaissance de la lettre finale. On va donc en présenter de nouvelles pour suppléer celle-ci.

Comment on trouve la finale des mots en a, i, ai, oi.

At. On termine par *t* : 1° les mots dérivés d'un nom, d'un adjectif, ou d'un verbe de première conjugaison : *Canonicat*, *majorat*, *noviciat*, *tribunat*, *certificat*, *professorat*, *renégat*, qui dérivent de *canon*, *majeur*, *novice*, *tribune*, *certifier*, *professer*, *renier* ; 2° ceux de dignité et de profession : *Potentat*, *magistrat*. On termine par *s* ceux qui se refusent à cette règle : *Appas*, *lilas*. Excepté *abigéat* (vol de troupeau), *carat* (titre d'or et d'argent), *chocolat*, *état* (gouvernement), *trastravat* (cheval marqué de blanc aux deux pieds), *goujat* (valet d'armée), *grabat* (mauvais lit), *regrat* (vente de sel à petite mesure), *sabbat* (fête des juifs).

S termine tous les mots en *i* qui amènent un infinitif en *er* pour dérivation : *Avis*, *anis*, *bris*, *boutis*, qui viennent de *aviser*, *aniser*, *briser*, *bouter*. On écrit aussi par *s* plusieurs autres mots sans dérivation, tels que : *Abénévis* (droit de détourner les eaux), *Ancenis* (ville), *brebis*, *buis*, *Chablis* (ville); *chablis* (bois que le vent abat), *concis*, *débris*, *depuis*, *louis*, *mauvis* (petite grive), *panaris* (mal qui vient au doigt), *paradis*, *pays*, *pertuis* (ouverture faite à une digue pour laisser passer les bateaux), *pis*, *propolis* (résine d'un brun rougeâtre), *puits*, *radis* (espèce de navet), *souris*, *tabis* (gros taffetas ondé), *taudis* (logement en mauvais état).

Ais par *s* dans les noms masculins communs ou propres, et les adjectifs quand le son *ai* se prononce fortement, comme dans *ablais* (dépouille de blé), *harnais*, *Beauvais* (ville), *Calais* (ville), *frais*, *épais*.

Exception. *Faix*, *paix*.

Es termine les mots dont la dérivation amène deux *s* précédés d'un *e* fermé sans accent, comme dans *accès*, *procès*, qui ont pour dérivés *accessif*, *processif*.

Ois par *s*, 1° dans la plupart des mots masculins qui n'ont point de dérivés en français : *Autrefois*, *fois*, *carquois*, *minois* ; 2° dans les mots dérivés des noms propres de lieux : *Artois*, *Auxerrois* ; excepté *croix*, *choix*, *doigt*, *noix*, *poix*, *pois* (légume), *poids* (pesanteur), *voix* (son de la bouche), et *foie* (partie animale.)

S termine ordinairement les noms masculins en *cours* qui amènent un verbe de deuxième conjugaison, et ceux en *ours* qui ne peuvent amener ce verbe : *Concours*, *secours*, *atours*, *toujours*.

Mots en ou *qui n'ont point de dérivation.*

Courroux, *entrevous*, *coup*, *houx*, *jaloux*, *doux*, *moût*, *remous*, *résous*, *pouls*, *dessous*, *toux*.

Ot termine les noms de profession, ou qui donnent une idée particulière d'un autre nom pris dans le sens général : *Machicot* (chantre d'église), *matelot*, *ragot* (sanglier de deux ans), *angelot* (fromage de Normandie).

Ort par *t* s'emploie dans les mots dont la dernière syllabe peut former un adjectif féminin en *te* ou un verbe : *Effort*, *renfort*, *ressort*.

Art s'emploie à la fin des noms dont la dernière syllabe peut amener un infinitif de seconde conjugaison ou un autre mot qui ait un *t* pour pénultième ou antépénultième : *Départ*, *rempart.*

Ard termine la plupart des noms propres et communs, quand la dernière syllabe peut former un verbe en *der*, comme *foulard*, *égard*, *hagard*, *Orillard*, *Richard*, *Fruchard*, *Allard*. Presque tous les adjectifs en *ard* ont cette orthographe : *bavard*, *criard*, *gaillard*, etc.

Liste des mots sans dérivation.

Mets (qu'on sert sur la table), *legs* (donation), *fonds* (de terre), *remords* (de conscience), *corps* (partie de l'homme), *mors* (partie d'une bride), *chaos* (confusion des choses), *héros* (guerrier distingué), *jus* (suc d'une chose), *pus* (d'une plaie), *artichaut* (légume), *défaut*, *héraut* (d'armes), *crucifix*, *perdrix*, *faux* (instrument), *faux* (trompeur), *chaux*, *flux* et *reflux* (de la mer). — *Clabaud* (chien de chasse), *crapaud* (espèce de grenouille), *étau* (d'un serrurier), *levraut*, *marsaut* (espèce de saule), *monaut* (privé d'une oreille), *pataud* (jeune chien à grosses pattes), *réchaud* (où l'on met du feu), *réchauf* (fumier chaud), *ressaut* (saillie d'une corniche), *restaur* (recours d'assureurs), *sursaut* (pris à l'improviste), *surtaux* (impôt onéreux), *trigaud* (homme de mauvaise foi). — *Ajonc*, (arbrisseau très-piquant), *Lons* (ville), *fonts* (de baptême), *cretons* (morceaux de porc fondu), *tréfonds* (en parlant des mines), *amont* (vent d'orient.)

De l'emploi du c *au lieu de l's.*

Ce, *ci* par *c*, 1° dans les mots en *endre*, *eindre*, *entre*, *erve*, *itoi*, *intre*, *er*, non suivi des syllabes *pen*, *re*, devant *es* et dans *cent*. Exemple : *Cendre*, *ceindre*, *centre*, *cervelle*, *citoyen*, *cintre*, *cession*, *cercle*, *cent*.

2° Devant *éci*, *édé*, *édu*, *élé*, *éli*, *élu*, *ime*, *éru*; *ica*, *ir*, *ise*, *ita*, *ité*, *iter*, *ivi*, etc. Exemple : *Cécité*, *céder*, *cédule*, *célérité*, *célibat*, *cellule*, *céruse*, *cicatrice*, *ciment*, *cirque*, *citation*, *citérieur*, *civil*, *civet*, *serpe*, *service*, et leurs dérivés, s'écrivent par *s*.

Excepté les mots *cet*, *celui*, *celle*, *céans*, *cèdre*, *cédille*, *ce*, *cela*, *céladon*, *céleri*, *céleste*, *cellier* (où se met le vin), *celtique*, *cément*, *cénacle* (grande salle), *cène*, *cenelle*, *cénobite*, *cépée*, et autres d'un usage peu fréquent, on emploie *se*, *si*, *sen*, *sin*, comme dans *secret*, *seigle*, *serre*, *silence*, *simple*, etc.

3° *C* commence aussi les syllabes *ce*, *cé*, *cè*, *ci*, *cy*, intermédiaires ou finales. Exemple : *Ancêtres*, *ancien*, *acétique*; *bonace*, *contumace*, *dédicace*, *face*, *glace*, *grimace*, *limace*, *menace*, *place*, *populace*, *préface*, *race*, *surface*, *trace*, *villace*. Excepté : *Considérable*, *conséquent*, *conservation*, *conseil*, *consentement*, *considération*, *consignation*, *consistance* et tous leurs dérivés.

4° *Ç* avec une cédille se conserve devant *a*, *o*, *u*, dans les mots dérivés d'un autre en *ce*, *cer*, *cevoir*, comme dans *façade*, *glaçon*, *reçu*, qui viennent de *face*, *glacer*, *recevoir*, et *Alençon*, *caparaçon*, *caveçon*, *garçon*, *hameçon*, *limaçon*, *épinçoir*, *maçon*, *trançon*, *trançoir*.

De l'emploi de ss *ou* s *au lieu du* c.

Ss se placent presque toujours, 1° entre deux voyelles fortes, telles que *a*, *o*, *i*, *u*. Exemple : *Assurance boisson*, *passage*, *ruisseau*.

2° Dans la syllabe *esse*. Exemple : *Blesser*, *messe*, *souplesse*, etc.

3° Dans les mots dérivés d'une seconde conjugaison ou d'un adjectif en *a*, *o*, *u*. Exemple : *Jaunisse*, *grasse*, *grosse*, *bossu*, *démission*.

4° Dans l'infinitif en *er* dont la radicale ne se compose point de *pla*, *tra*, comme *placer*, *tracer*. Exemple : *Amasser*, *délaisser*, *glisser*.

Se termine les mots en *fen*, *pen*. Exemple : *Offense*, *défense*, *pensée*, *pension*, *panser* (une plaie), *récompense* et *réponse*.

(L'usage fera connaître les exceptions que ces règles peuvent souffrir.)

Des Articulations ou consonnes redoublées.

Règle. Les articulations redoublées *bb*, *cc*, *dd*, *ff*, *gg*, *ll*, *mm*, *nn*, *pp*, *rr*, *ss*, *tt*, s'emploient au commencement des mots entre deux voyelles :

Bb, comme dans *abbé*, *abbesse*, *abbaye*, et *Abbeville* seulement:

Cc. — *Accaparer*, *occasion*, *succomber*, *accent*, *occident*. On excepte *académie*, *acariâtre*, *acacia* (plante), *Acacie* (presqu'île).

Dd. — *Addition*, *adduction*, et les composés de ces mots seulement.

Ff. — *Affaire*, *effet*, *greffe*, *griffe*, *offusquer*, *souffrance*. Excepté *Afrique*, *afin*, *café*, *soufre*.

Gg. — *Agglomérer*, *agglutiner*, *aggraver*, *suggérer*, et tous leurs primitifs.

Ll. — *Allumer*, *alléger*, *alliance*, et à la fin des noms et des adjectifs féminins : *feuille*, *pelle*. Cette lettre ne se double point si le mot commence par une articulation ou si elle est suivie d'un *i* : — *Aliéner*, *aligner*, *alimenter*, *colonne*, *colorer*. Exception :

Colle, *collet*, *collaborateur*, *collatéral*, *collége*, *collation*, *collecte*, *collectif*, *collègue*, *collier*, *colline*, *colloque*, *balle*, *ballot*, *ballon*, *salle* (ou *salon*), *alliage*, et tous leurs mots composés.

Mm. — *Accommoder*, *commander*, *homme*; et quand le mot commence par *e*, *i*, tels que *emmancher*, *emmailloter*, *immortel*, *immeuble*. Excepté *amande*, *comédie*, *comestible*, *comète*, *comique*, *image*, *imitation*.

Nn. — *Annoncer*, *année*, et quand le mot commence par *e*, *i*, tels que *ennui*, *innombrable*, *inné*, *innovation*.

Pp. — *Appellation*, *apparaître*, *appliquer*, *opposer*, *opportun*, *supprimer*, *opprobre*; mais on ne double point, 1° après un *e* muet ou un *é* fermé : *épurer*, *épine* et *supérieur*; 2° dans *apitoyer*, *aplanir*, *apologie*, *apologue*, *apostrophe*; 3° devant et après une voyelle longue ou un son de plusieurs lettres, excepté ceux-ci, *en*, *ui*, *es*, comme dans *âpreté*, *apôtre*, *apercevoir*, *saupoudrer*, *comparaison*, *couperet*, etc. (En parlant de voyelles longues, on entend ici *â*, *î*, *ô*, seulement.) Il faut doubler ailleurs : *Apprêter*.

Rr. — *Arrangement*, *arrêter*, *arriver*, *errer*, *irrésolu*. Excepté *are* (étendue de terre), *arête*, *arène*, *aridité*, *arithmétique*, *aréomètre* (pèse-liqueur), *araigne* (filet mince tient en brun), *araignée* (animal), *araser* (mettre de niveau), *aratoire* (terme d'agriculture), et autres d'un usage peu fréquent.

Ss. — *Assez*, *assistance*, *assurance*, *assimiler*, *messe*, *promesse*, *cesser*.

Tt. — *Attaque*, *attraper*, *attendu*, *atteint*, et dans *chatte*, *datte* (fruit), *latte*, *natte* (tissu de paille ou de jonc), *flatter*, *gratter*, *quitter*, *acquitter*, *goutte* (une goutte d'eau), *goutte* (maladie), *butte*, *hutte* (petite loge en terre ou en bois), *lutte*. On ne double point le *t* dans les noms et dans les adjectifs, 1° entre deux voyelles de même valeur ou entre une voyelle et un son de plusieurs lettres, excepté *en*, *ein*, s'ils dépendent d'un verbe : *Catalogue*, *coton*, *atours*, *atout*, *bateau*; 2° devant un *i*, surtout quand le mot commence par une consonne : *Latitude*, *litige*, *loterie*. — *Atelier*, *atroce*, *atome*, et toutes les fois qu'un *é* précède : *Établissement*, *étroit*, *étude*, *étamine*, etc.

Qu. — Toujours accompagné d'un *u* excepté dans *cinq*, *coq*; au lieu de se doubler, prend un *c* dans *acquitter*, *acquiescer*, *acquérir*, *acquêter*. — Ce même caractère forme la première syllabe de *quantième*, *quantité*, *quand*, *quant*, *qualité*, *quadragénaire*, *quatre*, *quarante*, *cinquante*, *quasi*, *quote*. — Il semploie encore devant *e*, *i*, lorsqu'on distingue ces valeurs *que*, *qui*. Exemple : *Chaque*, *coquille*, *coque*, *coquelicot*, *comique*, *quiconque*, etc.

On ne double point la consonne après un *e* muet ou après *an*, *in*, *on* : *Refus*, *enfant*, *enfin*, *enflure*; *tenir*, *venir*, *renoncer*, *renouveler*, *reliure*.

Remarque. 1° Lorsque deux consonnes inséparables, telles que *fl*, *fr*, *pl*, *pr*, *tr*, se trouvent entre deux voyelles, on ne doit pas moins doubler la première. Exemple : *Soufflet*, *souffrance*, *application*, *apprendre*, *attraction*, etc.

2° La consonne finale d'un mot primitif se redouble le plus souvent dans la dérivation : *Abandon*, *abandonner*, *addition*, *additionner*, *fracas*, *fracasser*, *flot*, *flotter*.

ORTHOGRAPHE

DES SONS DE PLUSIEURS LETTRES.

1° *Ai* par *a*, *i*, forme la première syllabe des verbes *aider*, *aimer* ;

2° De ceux dont la radicale présente une valeur moins prolongée que dans *fêter*, ou qui ont leur infinitif en *ayer*, comme *apaiser*, *délaisser* ; *balayer*, *délayer* ;

3° Des noms et des adjectifs *aiguille*, *haîne*, *lait* ; *faible*, *fainéant*, *laid*, *maigre*, et de tous leurs dérivés.

Ei par *e*, *i*, dans *neige*, *peigne*, *peine*, *teigne*, *seigneur*, *seize*, *treize*, tous les dérivés, et *Seine* (rivière), *seine* (filet de pêcheur), *reine*, *beige* (serge de laine sans teinture), *beignet*, *seigle*.

Ay par *a*, *y*, appartient à la plupart des noms propres de personnes et de lieux : *Marnay*, *de Prinçay*, *de Pindray*, *Cernay*, *Jaulnay*.

I, par *y*, appartient encore à beaucoup-de noms propres, tels que *Ouzilly*, *Chauvigny*, *Champigny*.

Iaire termine les noms masculins : *bréviaire*, *plagiaire*.

Aire par *a*, *i*, *r*, *e*, termine les mots dérivés, 1° d'un nom : *actionnaire*, *salutaire* ; 2° d'un adjectif : *faussaire*, *solidaire*, formés des primitifs *faux*, *solide* ; 3° d'un verbe : *donataire*, *mandataire*, *démissionnaire*, *commissionnaire*, qui dérivent de *donner*, *mander*, *démettre*, *commettre*. Il termine aussi *chaire* (une chaire à prêcher), *maire* (d'une commune), *paire* (deux choses qui s'allient). Mais on écrit sans *e* final : *clair* (adjectif et substantif), *pair* (dignité, *pair* (nombre divisible sans reste), *chair* (de porc, de bœuf).

Ère termine les noms et les adjectifs, de quelque genre qu'ils soient, lorsqu'ils n'ont point de dérivation : *austère*, *mystère*, *père*, *mère*, etc.

Ière termine les mots féminins : *bannière*, *carrière*, *lumière*, *prière*, excepté *pierre* (corps dur), et *Pierre* (prénom).

An par *a*, *n*, s'emploie : 1° dans la première syllabe d'un nom qui n'a pas de verbe pour dérivé : *ancien*, *banque*, *fantaisie*. Excepté *ambition*, *amputation*, *ampliation*, *ampoule*, *ancrage* (terme de marine).

2° Devant les syllabes *té*, *ti*, *toi*, comme dans *antécédent*, *antenne* (d'un insecte), *antichambre*, *antidate*, *Antoine*, *antoiser*, etc.

3° Dans le corps des mots, avant *d*, *g*, et après *qu*, dans les composés de *avan*, *evan*. — *Mander*, *manger*; *quantité*, *cinquante*, *avantage*, *devancer*. Excepté *amende* (peine pécuniaire), *venger*; *éloquent*, *conséquent*, *aventure* (événement imprévu), et *Avent*, temps qui précède les fêtes de Noël.

4° Après deux consonnes dissemblables : *blancheur*, *branche*, *crampon*, *Flandre*, *franchir*, *gland*, *grand*, *plantation*, *stance*, *strangurie*; excepté *trente*, *tremble*, *trempe*, *splendeur*, *prendre*, et tous leurs composés.

5° Devant ou après *ch*, et à la fin des mots dérivés d'un participe présent : *chanter*, *échange*; *connaissance*, *obligeance*, *souffrance*. Excepté *existence*, *convergence*, *déférence*, *préférence*, *semence*, *sentence*.

A l'exception des règles qu'on vient d'établir, *en* par

e, *n*, commence les primitifs d'un verbe et s'emploie également ailleurs dans le corps et à la fin des mots : *enfant*, *enchantement*; *offensant*, *immense*. Excepté *panser* (une plaie ou autre chose). Dans la quatrième conjugaison, on écrit partout *en* par *e*, *n*, excepté *répandre* (un liquide, une nouvelle, etc.)

Remarque. Lorsque deux *en* composent un mot sans dérivation, le premier doit s'écrire par *e*, *n*. Exemple : *cependant*, *pendant*, *intendant*.

Ent par *e*, *n*, *t*, termine la plupart des mots non dérivés d'un participe présent : *adoucissement*, *abonnement*, *poliment*, etc.

Ense par *e*, *n*, *s*, *e*, termine les noms en *fen*, *pen*. Exemple : *Défense*, *dépense*, *offense*, *récompense*, et *dense* (épais), *immense*.

Enne termine les mots féminins où l'oreille distingue un *é* fermé devant *n* : *Blenne*, *étrennes*, *Vienne*.

Ain par *a*, *i*, *n*, s'emploie à la fin ou vers la fin des mots dont la dérivation amène un *n* à la radicale : *bain*, *crainte*, *contrainte*, *plain* (sans inégalité), *sain* (intact), *saint* (sans péché), *vain* (orgueilleux), *main*, *gain*, qui forment les dérivés *baigner*, *craindre*, *contraindre*, *plaine*, *saine*, *sainte*, *vaine*, *manier*, *gagner*.

Voici la liste de ceux qui ne dépendent point de cette règle : *Ainsi*, *airain*, *andain*, *aubain* (étranger), *demain*, *douvain* (bois propre aux douves), *levain*, *daim* (espèce de cerf), *merrain* (bois de chêne fendu), *nain* (féminin, *naine*), *parrain* (d'un enfant), *poutain*, *parpaing* (pierre de l'épaisseur d'un mur). Ailleurs, on commence et l'on termine par *i*, *n*, *i*, *m*, comme dans ces mots : *inférieur*, *importance*, *timbre*, *enfantin*, *satin*, etc.

Ein par *e*, *i*, *n*, appartient aux mots primitifs des verbes en *eindre*, excepté *craindre*, *contraindre*, *plaindre* et *vaincre* seulement ; *atteinte*, *astreint*, *ceint* (entouré d'une écharpe), *éteint*, *feinte*, parce qu'ils amènent les infinitifs *atteindre*, *astreindre*, *ceindre*, *éteindre*, *feindre*.

Am, *em*, *im*, *om* par *m*, devant *b*, *p*, et dans *comte* (dignité) : *ambition*, *ampliation* ; *emblème*, *empire*, *imbécile*, *impartial* ; *tombeau*, *pompe*.

Au par *a*, *u*, s'emploie : 1° au commencement des mots où l'oreille distingue une valeur un peu moins prolongée que dans *côte*. Exemple : *autant*, *hauteur*, *jauge* ; 2° à la fin des mots où ce même son est précédé de l'une des voyelles *e*, *u*, comme dans *fléau*, *gluau*, *gruau*, et *au* (article composé).

Eau par *e*, *a*, *u*, se place après *b* et à la fin des noms et des adjectifs : *beauté*, *couteau*, *beau*, *flambeau*, *sceau*, etc.

Ir termine les noms masculins où la voyelle *i* se prononce vivement, comme *désir*, *loisir*, *plaisir*, et les infinitifs de seconde conjugaison *accomplir*, *chérir*, *finir*. Mais quand la voyelle *i* exige une prononciation un peu plus lente, ce qui a lieu dans tous les mots féminins, c'est par *i*, *r*, *e*, qu'on termine le mot : *délire*, *martyre*, *satyre* ; *lire*, *écrire*, *conduire*, *produire*, etc.

Oir par *o*, *i*, *r*, appartient aux verbes de troisième conjugaison régulière et aux noms masculins : *concevoir*, *percevoir* ; *boutoir*, *laminoir*. Excepté *décisoire*, *ivoire*, *obligatoire*, *réfectoire*.

Oire par *o*, *i*, *r*, *e*, appartient à tout nom féminin : *gloire*, *victoire*, etc.

Eur par *e*, *u*, *r*, termine les mots sans distinction

de genre : *bonheur*, *malheur*, *couleur*, *douleur*; excepté seulement, *beurre*, *demeure*, *heure*, *Eure* (rivière), *leurre* (terme de chasse au faucon).

Er par *e*, *r*, termine les noms masculins, communs et propres, où l'on distingue la valeur de l'*é* fermé, ainsi que les infinitifs de la première conjugaison : *oranger*, *citronnier*, *rocher*; *Bergier*, *Royer*; *aimer*, *adorer*, *louer*, etc.

El par *e*, *l*, s'emploïe dans les noms masculins : *appel*, *rappel*. Mais on double la consonne dans le corps de ceux de ce même genre, et à la fin des féminins : *excellent*, *pelle*. *L* mouillée se double dans le corps des noms masculins, dans les verbes et à la fin des féminins seulement : *caillou*, *feuille*.

Et par *e*, *t*, termine presque tous les mots masculins lorsqu'on remarque une valeur à peu près semblable à celle de l'*è* bref : *fouet*, *gobelet*, *hochet*, *moulinet*; *Bouchet*, *Touillet*, *Souchet*.

Ette par deux *t* termine les noms féminins : *fourchette*, *pincette*.

Our par *o*, *u*, *r*, est la finale des noms de l'un et de l'autre genre : *jour*, *séjour*, *tambour*, *cour* (une cour), *tour*. Excepté *bourre*, *bravoure*.

Sion par *s* appartient aux primitifs de la quatrième conjugaison : *commission*, *démission*; et après *l*, *r* : *expulsion*, *aversion*. Excepté *assertion*, *désertion*, *insertion*, *portion*.

Tion par *t* s'emploie dans les primitifs de la première conjugaison et ailleurs : *habitation*, *donation*, *faction*, *narration*, *vacation*. Excepté *expansion*, *discussion*, *propension*, *expulsion*, *scission*, *obcession*, *ascension*, *dimension*, *extension*, *pension*, *suspension*, *appréhension*, *suspicion*.

E termine les mots féminins en *ai*, *i*, *u*, *eu*, *oi*, *ou*, *ui*, *é*: *haie*, *lie*, *bue*, *queue*, *soie*, *roue*, *suie*, *pensée*. Excepté *vertu*.

Remarque. Lorsque le mot féminin est en *ité*, on n'y ajoute point de *e*: *félicité*, *probité*, etc.

J se place au lieu de *g* devant *a*, *o*, *u*, et devant *ce*, *et*, comme devant *jaloux*, *joyeux*, *justice*, *abject*, *sujet*, *jeune*, *jeûne*, *jeudi*, *Jean*, *majesté*, et *je* (pronom personnel). A l'exception de ces cas, *g* s'emploie toujours devant *e*, *i*. — *Image*, *fromage*, *origine*, *vigilance*, etc.

C remplace le *qu* dans les primitifs des verbes en *quer*. Par exemple: *application*, *communication*, *fabrication*, *suffocation*, qui ont pour dérivation, *appliquer*, *communiquer*, *fabriquer*, *suffoquer*. On excepte *attaquable*, *croquant*, *immanquable*, *marquant*, *remarquable*, où le caractère *qu* se conserve.

Remarque. Le plus grand nombre des mots en *ance*, *ince*, *once*, se terminant par *c*, *e*, comme dans *importance*, *mince*, *prince* et *once* (poids), on a pensé qu'il était suffisant de le faire observer ici sans entrer dans de plus amples explications.

DES SIGNES ORTHOGRAPHIQUES,

ET DE LEUR EMPLOI.

Pour prononcer ou pour écrire convenablement un grand nombre de mots de notre langue, on a imaginé sept petits signes dont voici le nom et la forme à côté: l'accent *aigu* (´), l'accent *grave* (`), l'accent *circonflexe* (ˆ), l'*apostrophe* ('), le *tréma* (¨), la *cédille* (¸), et la *parenthèse* ( ).

L'accent *aigu* se met sur les *é* fermés : *adoré, bonté, café.*

L'accent *grave* se place sur les *è* ouverts brefs, comme signe de valeur : *père, mère, mystère ; accès, décès, procès ;* et comme signe de distinction, il s'emploie sur *à, dès*, prépositions, *là, où*, adverbes, afin de ne pas confondre ces sortes de mots avec d'autres dont l'orthographe est la même ; tels que, *a*, verbe, *des*, article contracté, *la*, article simple ou pronom, et *ou*, conjonction.

EXEMPLE :

Je me plais mieux à la campagne qu'à la ville. — Cette rivière est navigable dès sa source. — Je vais là, voilà qu'on sonne.

Où la discorde règne, apportez-y la paix.

Remarque. L'*e* est toujours ouvert devant une syllabe muette, c'est-à-dire, une syllable qui se termine par un autre *e* muet : *fidèle, fougère, misère, prospère.* Excepté les mots en *ége*, comme *liége, manége, siége*, et la première personne d'un verbe en *er* employée avec interrogation, au présent de l'indicatif : *aimé-je? chanté-je? prié-je?* etc.

L'*a* final d'un adverbe doit aussi prendre l'accent grave : *Alexandre porta ses armes victorieuses en deçà du Cydnus.*

L'accent *circonflexe* a également deux emplois : celui de marquer les voyelles qui exigent une prononciation forte et prolongée, comme dans *blâme, problême, épître, côté, flûte ;* l'autre, de faire distinguer les mots d'une attribution différente, malgré leur ressemblance d'orthographe. Ainsi, *mûr, sûr, crû, dû*, *tû*, *aimât*, ne prennent ce signe que pour être distingués de *mur*, substantif, de *sur*, préposition, de *cru*, participe passé de *croire*; de *du*, article composé, de *tu*, pronom personnel, et *aima*, passé défini.

DE L'APOSTROPHE.

L'*apostrophe* sert à marquer le retranchement de l'une des voyelles *a*, *e*. On ne supprime *a* que dans l'article *la* seulement, toutes les fois que cette espèce de mot en précède un autre commençant par une voyelle ou une *h* muette : *l'âme*, *l'histoire*, *l'esprit*, *l'honneur*.

E se supprime dans les monosyllables *je*, *me*, *te*, *ce*, *se*, *le*, *de*, *que*, *ne*, suivis aussi d'un mot commençant par une voyelle ou une *h* muette, et l'on place l'apostrophe entre la consonne et la lettre qui vient après : *j'aime*, *j'estime*, *je t'honore*, etc.

On retranche encore l'*e* de ces mots : *lorsque*, *puisque*, *quoique*, seulement devant *il*, *elle*, *on*, *un*, *une*. — *Lorsqu'il travaille*, *lorsqu'elle aura fini*, *quoi qu'on dise*, *quoiqu'un*, *quoiqu'une*.

Remarque. L'emploi de l'apostrophe se connaît toutes les fois qu'on ne peut placer *les* devant un mot sans choquer l'oreille. Ainsi, on ne dirait pas *les l'hommes*, *les l'âmes*; donc il faut employer l'apostrophe dans *l'homme*, *l'âme*.

Entre, *presque*, ne souffrent d'élision que lorsqu'ils entrent dans la composition d'un autre mot : *entr'acte*, *entr'aider*, *presqu'île*.

Devant *un*, *autre* : *L'un dit oui*, *et l'autre dit non*.

Dans l'adjectif *grande* pour éviter ce son désagréable et lent que formerait la syllabe *de* devant certains mots : *grand'mère*, *grand'messe*, *grand'chambre*, *grand'peur*, etc.

I ne se supprime que devant *il*. —*S'il fallait*, *s'il vous plaît*.

DU TRÉMA.

Le *tréma* est un double point qui se place sur les voyelles *u*, *e*, *i*, lorsqu'elles doivent se prononcer seules ou se combiner avec le caractère suivant : *Moïse*, *Saül*, *ciguë*.

On doit s'abstenir de l'emploi de ce signe quand il peut se remplacer par l'accent aigu ; ainsi, au lieu d'écrire avec le tréma : *Chloë*, *poësie*, *Zoë*, etc., il vaut mieux se servir de l'accent aigu : *Chloé*, *poésie*, *Zoé*.

DE LA CÉDILLE.

La *cédille* se met sous le *ç* devant *a*, *o*, *u*, lorsqu'il doit prendre la valeur *ce*, comme dans *façon*, *leçon*, *maçon*, *reçu*.

DU TRAIT D'UNION.

Le *trait d'union* sert à lier ensemble plusieurs mots qui se réunissent pour n'en former qu'un seul. On l'emploie :

1° Entre le verbe et les pronoms, dans les phrases qui marquent interrogation : *aurais-je? aimes-tu? entend-il? rends-moi*, etc.

2° Avant et après le *t* placé par euphonie à la suite des personnes des verbes en *e* ou en *a* : *aime-t-il? ira-t-il?*

3° Avant ou après *ci*, *là*, accompagnés d'un nom, d'un pronom, d'une préposition, et d'un adverbe : *cet homme-ci*, *cette affaire-là*, *celui-ci*, *celui-là*; *ci-dessus*, *ci-contre*, *là-haut*, etc.

4° Pour lier *très* au mot qui suit, et le pronom *même* au pronom précédent, et pour remplacer la conjonction *et* dans l'énonciation des nombres numéraux : *Cet enfant est très-studieux ; la campagne est très-belle.* —*Faites cela vous-même ; ils se sont trompés eux-mêmes ; l'homme est léger jusqu'à vingt-cinq ans.*

5° Pour séparer deux ou plusieurs mots intimement liés par le sens : *Maine-et-Loire*, *Tarn-et-Garonne*, *chef-lieu*, *contre-allée*, etc.

DE LA PARENTHÈSE.

La *parenthèse* sert à renfermer quelques mots indépendants de la phrase, mais qui servent néanmoins à l'éclaircir : *Celui qui ne travaille pas* (*dit le sage*) *est indigne de manger.*

REMARQUES GÉNÉRALES

SUR PLUSIEURS PARTIES DU DISCOURS.

DES MOTS COMPOSÉS.

On appelle mots composés, ceux dont la liaison paraît si intime qu'elle semble n'en présenter qu'un seul à l'esprit.

Lorsque deux noms, ou un nom et un adjectif, présentent chacun une idée plurielle, ils prennent tous deux la marque distinctive de ce nombre.

EXEMPLE *De deux noms.*	EXEMPLE *De l'adjectif et du nom.*
Des chefs-lieux.	Des basses-tailles.
Des chiens-loups.	Des bas-reliefs.
Des choux-fleurs.	Des arcs-boutants.
Des bornes-fontaines.	Des courts-bouillons.
Des gardes-magasins.	Des courtes-pointes.

Quand un mot composé est formé d'un verbe ou

d'une préposition, le nom seul prend la marque du pluriel.

EXEMPLE	EXEMPLE
D'un nom joint au verbe.	*D'un nom joint à une préposition.*
Des porte-enseignes.	Des ciels-de-lit.
Des essuie-mains.	Des belles-de-nuit.
Des casse-noisettes.	Des chefs-d'œuvre.
Des cure-dents.	Des avant-cours.
Des porte-mouchettes.	Des avant-coureurs.
Des garde-fous.	Des contre-basses.

Lorsqu'un mot composé est formé d'un nom et d'un adverbe, le nom seulement prend le signe du pluriel; et si aucun des mots du nom composé ne peut se pluraliser, on emploie le singulier dans l'un et l'autre mot.

EXEMPLE	EXEMPLE
D'un nom joint à un adverbe.	*Des noms qui ne peuvent se pluraliser.*
Des arrière-bans.	Des serre-tête.
Des arrière-cours.	Des réveille-matin.
Des arrière-boutiques.	Des contre-poison.
Des arrière-gardes.	Des tête-à-tête.

Remarque. Tout nom composé de mots invariables, tels que *verbe*, *préposition*, *adverbe*, ne prend la marque plurielle dans aucune de ses parties.

EMPLOI DE L'ARTICLE.

On emploie l'article devant les noms communs pris dans un sens général, et quelquefois même avant les noms propres, les adjectifs, les verbes et les adverbes, lorsqu'on leur donne cette attribution.

Le cœur, l'esprit, les mœurs, tout gagne à la culture.
Les Virgiles et les Cicérons seront toujours rares.
Rien n'est beau que le vrai, le vrai seul est aimable.
Laissez dire les sots, le savoir a son prix.

L'article se remplace par *de* : 1° avant un adjectif suivi d'un nom partitif, c'est-à-dire qui désigne la partie d'un tout : *De beaux jardins, de belles fleurs ;* 2° après un terme collectif, comme *foule, multitude* et autres mots semblables : *Une foule d'obstacles, une quantité de soldats ;* 3° après un adverbe de quantité : *Peu d'enfants sont attentifs.* Mais on emploie *des* après *bien*, *la plupart*, et avant un nom commun partitif dont le sens est déterminé par ce qui suit : *Je ne vous ferai point des reproches inutiles.*

PLACE DE L'ADJECTIF.

L'*adjectif* se place bien souvent après le nom, mais la règle n'est pas générale : l'usage seul peut en assigner la place. Parmi les adjectifs on en voit plusieurs, comme *brave*, *grand*, *galant*, *honnête*, *plaisant*, *nouveau*, *pauvre*, *sage*, etc., dont la signification dépend uniquement de l'ordre qu'ils occupent. Par exemple :

Un brave homme signifie un homme qui a de la bonhomie et de la probité. — *Un homme grand*, c'est un homme d'une haute stature. — *Un grand homme*, un personnage d'un mérite distingué. — Celui qui cherche à plaire aux dames par ses agaceries, ses fadaises, est *un homme galant ;* et celui qui a de la probité et dont le commerce est sûr, agréable, est *un galant homme.* On dit *un homme honnête* en parlant d'un homme poli, affable ; et *un honnête homme*, en parlant de celui qui a une probité intègre. *Un homme plaisant*, signifie un homme gai, enjoué, qui amuse les autres par ses espiègleries. *Un plaisant homme*, c'est un homme bizarre, ridicule, et dont la société déplaît. *Du vin nouveau*, c'est du vin différent de celui qu'on servait d'abord sur la table ; et *du nouveau vin*, c'est du vin nouvellement récolté. *Un pauvre auteur* se dit d'un écrivain de peu de génie, et *un auteur pauvre* se dit d'un écrivain qui n'a pas de fortune.

Demi, nu, feu.

Demi ne varie point devant un nom : *une demi-heure, une demi-livre*; mais il s'accorde seulement en genre après le nom : *une heure et demie*, etc.

Nu est assujéti à cette même règle : *nu-pieds, nu-tête;* et *pieds nus, tête nue*, en faisant les deux accords.

Remarque. *Demi* employé substantivement prend le signe du pluriel : *Cette pendule sonne les demies.*

Feu précédant l'article demeure invariable, et placé après il s'accorde avec le nom : *Feu la reine, la feue reine, les feus rois.*

Conséquent, considérable.

Conséquent se dit d'une personne dont le jugement est sain ; et *considérable* s'emploie pour signifier de grands avantages ou de grandes pertes : *Cet avocat est conséquent*, c'est-à-dire que ses idées sont justes. *Ce marchand a fait des pertes considérables*, c'est-à-dire des pertes très-grandes.

DES PARTICIPES PASSÉS.

Crû, péri, bénit, apparu, contrevenu, recrû, accru, cessé, monté, convenu, demeuré, passé, échappé, sorti, résulté, subvenu.

Bénit s'emploie avec un *t* en parlant de choses sacrées par un ministre de l'église : *Du pain bénit, de l'eau bénite.* Dans tout autre cas on supprime le *t*.

Crû, péri, accouru, apparu, contrevenu. Ces participes passés prennent indifféremment *avoir* ou *être*. Exemples : *La rivière a crû* ou *est crue de trois pieds dans une seule nuit. Cette mère a accouru tout éplorée* ou *est accourue au secours de son enfant qui se noyait. Des gens superstitieux prétendent, mais à tort, que des spectres leur ont* ou *leur sont apparus. Ce conseil a contrevenu* ou *est contrevenu à l'arrêté qu'il avait pris. L'armée française a péri* ou *est périe dans la campagne de Russie.* Cependant *crû*, avec un complément, prend *avoir* seulement. *Ce propriétaire a crû sa fortune de moitié dans l'espace de cinq ans.*

Cessé, *monté*, prennent *avoir* lorsqu'ils ont un régime, et les deux auxiliaires quand ils n'en ont pas. Exemples : *L'artillerie française n'a pas cessé la canonnade qu'elle n'eût fait brèche à la citadelle d'Anvers. Le soldat était si animé quand il est monté à l'assaut, qu'on craignait beaucoup pour l'ennemi vaincu; mais sa fureur est cessée après la victoire remportée. Ce jeune homme a monté cent boisseaux de blé à un troisième étage. Les vins ont monté* ou *sont montés de vingt francs par barrique.*

Convenu, *demeuré*, s'ajoutent à l'auxiliaire *avoir* : le premier, quand il signifie *être convenable*; et pris pour *demeurer d'accord*, il reçoit le verbe *être*; le second se conjugue de même avec *avoir*, lorsqu'il est employé dans ce sens : *faire sa demeure*; mais s'il n'exprime que l'état des personnes, des choses, le point d'une affaire où l'on est resté, il prend le verbe *être*. Exemples de l'une et de l'autre espèce : *Ce poste lui aurait convenu; j'ai demeuré dix ans à Paris; je suis demeuré sans espoir.*

Passé. Ce participe prend *avoir* : 1° avec un régime, comme : *Alexandre a passé ses troupes par les défilés de la Silésie*; 2° quand il se rapporte aux personnes ou aux lieux, comme : *Ce maréchal a passé par tous les grades avant d'arriver au poste éminent qu'il occupe aujourd'hui. Mon frère a passé par l'Italie pour se rendre en Espagne.* Mais si ce participe n'a point de régime, non plus que de rapport aux personnes ou aux lieux, il faut le joindre à l'auxiliaire *être.* Exemples : *Cet usage est passé*, c'est-à-dire qu'on ne le suit plus. *Le temps prescrit pour la distribution des prix d'encouragement est passé. Le roi et sa famille sont passés en voiture, suivis d'un brillant cortége.* On dit cependant : *ces draps ont passé; cette méthode a passé.* Dans ce cas et autres semblables, *passé* signifie *être reçu, être admis.*

Echappé, sorti, sont accompagnés d'*avoir :* celui-ci quand il est joint à un régime ou qu'il fait connaître qu'une personne est rentrée chez elle; celui-là quand il se prend pour *s'évader, se sauver.* Exemples des deux espèces : *Ma sœur a échappé au danger qui la menaçait.* Mais, si *échappé, sorti*, marquent : le premier, qu'un *être* quelconque s'est sauvé sans avoir été pris ou aperçu d'abord, il reçoit indifféremment les *auxiliaires ;* le second, qu'une personne sortie de sa maison n'y est pas encore rentrée, il se joint toujours au verbe *être.* Exemples : *Le cerf a échappé* ou *est échappé aux chasseurs. Monsieur est sorti, je ne sais où il est allé.*

Résulté, subvenu, prennent toujours *avoir : Il a résulté du tremblement de terre qui se fit dernièrement que des villes entières ont disparu du globe. Malgré son peu de fortune, il a toujours subvenu aux besoins des pauvres de sa commune.*

Descendu. Quand ce participe est suivi d'un complément, il prend *avoir*, et le verbe *être* quand il n'a pas de complément. Exemples : *On a descendu le buste de plusieurs grands personnages. La meute et les chasseurs sont descendus dans ces vallons.*

DES NOMS.

Amour, délice, écho, enseigne, foudre, garde, gens, guide, hymne, manche, manœuvre, œuvre, orgue, parallèle, couple, période, vase.

Ces mots, *amour, délice*, sont masculins, le premier en prose, et le second au singulier. *Un amour malheureux ; c'est un délice de boire froid en été.* En poésie, on dit au féminin pluriel *mes douces amours*, et de même, au pluriel, *mes chères délices.*

Echo, enseigne. En parlant d'un son d'abord produit et que l'air répète ensuite, *écho* se dit au masculin, et au féminin pour la déesse de ce nom. *Cet écho répète fidèlement. Belle Écho! tes plaintes sont inutiles, l'ingrat Narcisse ne les entend pas.* On dit au masculin *un enseigne* quand on veut désigner un officier qui porte un drapeau : *Deux enseignes distingués ont été tués.* Partout ailleurs *enseigne* est féminin.

Foudre, garde. Le premier se dit au masculin, quand il signifie un général expérimenté et redoutable dans les combats, ou un écrivain d'un rare talent. *Scipion était un foudre de guerre, et Cicéron un foudre d'éloquence.* Le second signifiant un homme commis à la garde d'un prince, d'un magistrat élevé, ou de quelque chose, il se dit encore au masculin : *un garde du roi; un garde des eaux et forêts*, etc. Il est féminin dans les autres cas.

Guide, hymne, sont masculins dans ces deux sens : *Cet homme est un bon guide, suivez-le. Le vainqueur d'Achmet célèbre sa victoire par des hymnes guerriers.* Partout ailleurs ces mots sont féminins.

Manche, manœuvre. Le manche d'un outil quelconque est du masculin, ainsi que le manœuvre qui sert les maçons, ou l'ouvrier qui travaille sans art et sans goût. Excepté ces cas, écrivez au féminin.

Œuvre, orgue. Celui-ci est masculin au singulier, et féminin au pluriel : *un bel orgue, de belles orgues*; celui-là, pris dans le sens d'une collection de livres, d'estampes, d'un auteur, ou d'un ouvrage qu'on achève, est aussi au masculin ; et dans un autre sens ces deux mots sont féminins.

Parallèle, période, vase, gens. En comparant deux personnages, on fait un *parallèle;* en traçant une ligne dont les points sont également distants de ceux d'une première, on établit une *parallèle.* On dit un *période*, seulement pour marquer qu'une chose est au plus haut degré de perfection, ou qu'une personne approche de sa fin. Il faut dire la *vase* des fossés, des rivières, et ailleurs *un vase.*

DES PRONOMS.

Le.

Le pronom *le* ne change ni de genre ni de nombre : 1° quand il tient la place d'un adjectif ou d'un verbe : *Les enfants sont légers et ils le seront toujours ; soulageons les pauvres autant que nous le pouvons.*

Le représente l'adjectif *légers* dans la première phrase, et *soulager* dans la seconde.

2° Lorsqu'on peut le tourner par *cela* ou *ce que vous dites.* Ainsi dans cet exemple : *Madame est-elle malade ? Oui, je le suis* ; au lieu de *je la suis*, parce que *le* paraît se rendre par *je suis cela*, ou, etc.

Exception. Si l'article précédait le mot de l'interrogation, le pronom *le* s'accorderait avec le nom : *Êtes-vous la supérieure de cet hôpital? Oui, je la suis. Êtes-vous les frères de mon ami? Oui, nous les sommes.*

3° Devant les adverbes *moins*, *mieux*, *plus*, quand l'adjectif suivant ne marque point comparaison : *Cette coutume est le plus généralement suivie. Enfants, appliquez-vous le mieux que vous pourrez; faites le moins de fautes possible en lisant.* Mais quand l'adjectif marque une comparaison entre deux objets, *le* devient susceptible d'accord : *Voici des histoires, lisez les plus instructives et mettez de côté les moins intéressantes.*

Quelque.

Quelque devant un nom pluriel prend toujours un *s*, et il reste invariable devant un adjectif : *Quelques services que vous rendiez à un ingrat, jamais vous ne lui en rendrez assez. Quelque éclairés que nous soyons, ne faisons pas un vain étalage de notre science.*

Quelque, suivi immédiatement d'un verbe, s'écrit en deux mots distincts, et est susceptible d'accord avec le mot précédé du verbe : *Quels que soient vos talents, vous ne pénétrerez jamais tous les secrets de la nature. Quelle que soit votre naissance, vous ne devez mépriser personne.*

Tout.

Tout pris dans le sens de *quoique*, *très*, *absolument*, *entièrement*, demeure invariable : 1° devant les adjectifs masculins pluriels : *Tout savants que sont les philosophes, ils n'ont pas les secrets de Dieu.*

2° Devant les adjectifs féminins commençant par une voyelle ou une *h* muette : *Ces dames sont restées tout interdites.*

Mais si l'adjectif féminin commence par une consonne, l'accord peut avoir lieu : *Vous êtes toute belle, Marie; il n'y a point de tache en vous.*

Tel.

Tel signifiant *de la manière que*, ne doit jamais être pris pour *quelque* dont la signification est toute différente. Cette phrase n'est donc pas correcte : *A tel degré d'élévation que l'homme parvienne, la mort ne l'en frappera pas moins.* Mais dites : *A quelque degré d'élévation*, etc.

Ce, se.

Le pronom *ce* accompagne les troisièmes personnes singulières et plurielles de l'auxiliaire *être : C'est moi, c'est toi, ce sont eux*, etc.

Se après un nom ou pronom sujet : *Ces enfants se sont appliqués ; ils se sont fait des promesses difficiles à tenir.* Devant tout autre verbe c'est toujours par *se* qu'on doit écrire.

On.

Le pronom *on* prend un *l'* avec une apostrophe après *et, ou, si : Partez à propos et l'on vous écoutera. Lieux fortunés où l'on pratique la vertu. Si l'on vous demande qui vous êtes*, etc.

Exception. Cette règle n'est pas applicable toutes les fois que *on* précède un mot commençant par *l* ; il ne faut donc pas dire : *Et l'on la verra, ou l'on le fera, si l'on le fera, si l'on le peut*; mais bien : *et on le verra, ou on le fera, si on le peut.*

Soi.

Le pronom *soi* ne se dit des personnes que dans un sens indéfini ou quand il s'agit d'éviter une équivoque :

Chacun pense à soi, c'est le mot du vulgaire. En suivant les avis de leurs maîtres, les enfants pensent pour soi. Si l'on eût mis pour *eux*, on ne saurait auquel de ces mots *maîtres* et *enfants* le pronom *soi* se rapporte.

Leur, lui, eux, elle.

Leur, lui, eux, elle, employés comme régimes indirects, ne s'appliquent qu'aux personnes ou aux êtres inanimés qu'on personnifie, c'est-à-dire auxquels on adresse la parole : *La ciguë est une herbe vénéneuse, ne lui touchez pas; le tigre est un animal cruel, n'approchez pas de lui; ces tables sont trop basses, je leur ferai mettre d'autres pieds.* Il faut, en pareil cas, se servir des pronoms *en*, *y*, et dire : *N'y touchez pas; n'en approchez pas; j'y ferai mettre*, etc.

Qui, quel, dont.

Le relatif *qui* se rend par *que*, après une préposition : *C'est à vous que je veux parler; c'est à cet enfant que je m'adresse.* La raison de ce changement est que le même mot ne peut représenter deux régimes à la fois.

Le pronom *qui* doit suivre immédiatement son antécédent et ne représenter que des personnes ou des êtres personnifiés; ainsi ce vers de Boileau n'est pas imitable :

Et d'un bras, à ces mots, qui peut tout ébranler.

Il devait dire :

Puis, à ces mots, d'un bras qui peut tout ébranler.

Cette phrase est également fautive : *Donner est un mot pour qui l'avare a beaucoup d'aversion*, parce qu'on ne personnifie pas. On doit donc employer *lequel*, et dire : *Donner est un mot pour lequel*, etc.

Qui, en sujet ou en régime direct, se tourne par *lequel, laquelle*, lorsqu'on veut éviter une équivoque ou deux *qui* de suite : *J'ai vu le jardin de mon ami, lequel m'a paru bien cultivé.*

Dont remplace également les personnes et les choses : *Dieu dont la puissance est infinie. L'histoire dont je vous ai parlé renferme de beaux traits.*

Le, la, les.

Quand le verbe a deux régimes, l'un de personne et l'autre de chose, il faut exprimer *le, la, les*, avant *lui, leur*. Au lieu de : *La victoire qu'il tient déjà, un coup de sabre est sur le point de lui ravir*; dites : *de la lui ravir*, en employant *la* pour la chose, et *lui* pour la personne.

On.

L'indéfini *on* est susceptible de genre et de nombre, suivant l'idée qu'on a du mot qui le suit. En parlant d'une femme : *Lorsqu'on est mariée, on n'est pas maîtresse de ses volontés.*

Chacun.

Chacun se dit des choses quand il a un nom pour déterminatif :

> Chacun a pour soi-même un œil de complaisance.

Ce pronom est accompagné de *son, sa, ses*, lorsqu'on l'emploie après un régime direct, et lorsque le verbe n'en a pas : *Les rois mages firent leurs offrandes au Messie, chacun selon ses moyens;* et *leur* quand il précède un régime direct : *Les rois mages firent au Messie chacun leurs offrandes.*

Chaque, quiconque, personne.

Chaque a toujours un nom après lui : *Chaque pays, chaque habitude.*

Quiconque signifie *toute personne qui*, et n'a de rapport qu'aux personnes : *Quiconque veut bien faire, atteint lentement son but.*

Personne employé comme pronom est masculin et toujours suivi de *ne : Personne ne fut plus grand que César et Pompée.* Mais on supprime la négation dans les phrases interrogatives : *Personne a-t-il mieux dit que La Fontaine ?*

Rien.

Rien pris pour *nulle chose* est suivi de *ne*, et pris substantivement il ne prend point de négation : *Que rien ne vous arrête. Le sage ne s'amuse point à des riens.*

Autrui, l'un, l'autre.

Autrui se dit des personnes et non des choses ; il se place en régime indirect : *Ne faites pas à autrui ce que vous ne voudriez pas qu'on vous fît.* Après *autrui* il faut rendre *son*, *sa*, *ses*, *leur*, par le pronom *en*. Ainsi, au lieu de dire : *En épousant les intérêts d'autrui nous ne devons pas épouser ses passions* ; on dira : *en épouser les passions.*

Cependant, si *autrui* était suivi d'un régime indirect, l'emploi de *son*, *sa*, *ses*, *leur*, devrait avoir lieu : *Blâmez en secret les défauts d'autrui, et ne soyez pas le vil délateur de ses faiblesses.*

L'un, l'autre, s'emploient au singulier quand la réciprocité ne concerne que deux personnes, et au pluriel lorsqu'ils en expriment plusieurs : *Le feu et l'eau se détruisent l'un l'autre.*

D'un geste menaçant, d'un œil brûlant de rage,
Dans le sein l'un de l'autre ils cherchent un passage.

Même, nul.

Même signifiant *aussi* est considéré comme adverbe, et par conséquent invariable; hors ce cas il prend la marque du pluriel.

Le bonheur peut conduire à la grandeur suprême,
Mais pour y renoncer il faut la vertu même.

Nul ne se dit au pluriel qu'en parlant des personnes et des choses qui ne sont d'aucune utilité. *Ceux qui ne s'appliquent à rien d'utile sont des êtres nuls. Deux jugements de cette cour sont tombés nuls.*

Nul, quoique joint à un nom, ne peut guère convenir en régime.

Au lieu de dire: *Les railleries des sots ne font nulle impression sur l'homme d'esprit;* dites: *ne font aucune impression sur l'homme d'esprit.*

Gens.

Gens devant un adjectif est du masculin: *Ce sont des gens heureux*; et du féminin après l'adjectif: *Ce sont de fort bonnes gens.*

Exception. *Gens* suivi d'un adjectif qui se termine par un *e* muet est ordinairement masculin: *Les gens aimables sont recherchés de tout le monde.*

Mon, ton, son, ma, ta, sa.

Les possessifs *mon, ton, son, ma, ta, sa*, se remplacent par *au*, *la*, lorsque le nom de possession est clairement déterminé, comme dans ces exemples:

J'ai mal au cœur; *tu as perdu l'espoir*; *il s'est démis le pied*, etc. Cependant il faut employer les possessifs au lieu de l'article : 1o quand l'action peut être faite par un autre sujet que celui qui l'affirme : *Je vois mon bras enfler*; 2° en parlant d'une chose qui arrive fréquemment : *Mon mal de tête revient encore*; *sa migraine l'a repris.*

PLACE DES RÉGIMES.

Le régime direct se place avant le régime indirect : *Dieu promet une récompense aux justes.* Mais si les régimes ont plus de mots l'un que l'autre, le plus court doit s'énoncer le premier : *Dieu promet aux justes une récompense éternelle.*

Nom régi par deux verbes.

Lorsqu'on rencontre dans la même phrase deux verbes de régimes différents, et que leur action retombe sur le même mot, on donne au premier verbe le régime qui lui est propre, et l'on se sert du pronom *en* pour régime du second verbe. Ainsi, au lieu de dire : *Les Français attaquèrent et se rendirent maîtres de la citadelle d'Anvers*; dites : *Les Français attaquèrent la citadelle d'Anvers et s'en rendirent maîtres.*

Nom régi par deux adjectifs.

Quand deux adjectifs ayant différentes prépositions qualifient le même mot, on place ce mot après la préposition énoncée la première, et l'on emploie *le*, *la*, *les*, *eux*, *elle*, *leur*, après le second adjectif. Au lieu de dire : *Cet enfant est chéri et utile à ses parents*, dites : *Cet enfant est chéri de ses parents et leur est utile.*

Cette même application regarde les prépositions et les adverbes. La phrase qui suit est donc vicieuse : *Un ma-*

gistrat doit toujours juger suivant et conformément aux lois; il faut dire : *Un magistrat doit toujours juger suivant les lois, et conformément à ce qu'elles prescrivent.*

Ou, ni.

Ou placé entre deux sujets singuliers de même personne veut ordinairement le verbe au singulier : *La crainte ou l'impuissance les retient.*

Lorsque les sujets sont de différentes personnes, cette conjonction demande le verbe au pluriel : *Mon frère ou moi nous irons à Paris.*

Ni répété demande le verbe au singulier, lorsque l'action ne doit être faite que par l'un des sujets : *Ce ne sera ni M. le duc ni M. le comte qui sera nommé ambassadeur.* Mais si les deux sujets font l'action, il faut employer le pluriel :

Ni l'or ni la grandeur ne nous rendent heureux.

Remarque. L'Académie admet le singulier ou le pluriel avec *ni l'un ni l'autre*; peut-être serait-il mieux de se conformer ici à la règle précédente, et dire : *Ni l'un ni l'autre ne sera nommé ambassadeur en Autriche.*

On emploie le verbe au pluriel devant *l'un et l'autre*, ou *ni l'un ni l'autre : L'un et l'autre peuvent concourir; ni l'un ni l'autre ne travaillent.*

Tous deux, tous les deux.

Tous deux se dit en parlant de deux personnes qui agissent de concert et sans se quitter : *Mon frère et son ami iront demain tous deux à Poitiers.*

Tous les deux expriment une action faite par deux personnes, mais sans désigner l'accord, le lieu et le temps : *Mon frère et son ami iront tous les deux à Poitiers.*

Air.

Air accompagne toujours un adjectif masculin, sans égard au genre du mot qualifié : *Cette femme a l'air souffrant.*

Autour, à l'entour.

Autour est une préposition dont le régime se rend par *de*, et *à l'entour* est un adverbe sans régime : *Le berger fait paître son troupeau autour des champs, et son chien fidèle veille à l'entour.*

Avant, auparavant.

Avant, préposition, a un régime marqué par *de*, et *auparavant* est un adverbe sans complément : *Avant d'écrire, apprenez à sentir.*

A travers, au travers.

A travers veut un régime direct, et *au travers* un régime indirect marqué par *de : Les chasseurs passent à travers les champs, et les chiens passent au travers des halliers.*

Près, prêt.

Près est une préposition qui signifie *sur le point de*, et *prêt* un adjectif qui signifie *disposé à : J'étais près de partir quand vous êtes arrivé. Un vrai citoyen est toujours prêt à combattre pour sa religion, sa patrie et son roi.*

Plus, davantage.

Plus demande la préposition *de*, et *davantage* n'en a jamais; il se place immédiatement après le verbe. Ainsi on ne dirait pas : *Il a davantage de brillant que de solide ;* mais *plus de brillant*, etc. *La ville a des charmes, mais la campagne en a bien davantage.*

Dedans, dehors, dessus, dessous.

Dedans, dehors, dessus, dessous, considérés comme adverbes, ne peuvent avoir de régime ni convenir à ces phrases : *Dedans la chambre, dehors la ville, dessus la commode, dessous la table*, etc. ; il faut dire : *Dans la chambre, hors la ville, sur la commode, sous la table.*

Mal parler, parler mal.

On dit *mal parler* de quelqu'un et *parler mal* sa langue : *Gardez-vous de mal parler de votre prochain, et de parler mal devant les académiciens.*

Matin, soir.

Matin s'emploie sans préposition, et *soir* est suivi de *au : J'allai voir mon ami hier matin ; j'eus la fièvre hier au soir.*

Tout-à-coup, tout d'un coup.

Tout-à-coup se dit d'une chose arrivée dans un moment imprévu ; et *tout d'un coup* en parlant d'une chose qui tombe d'une pièce, ou de plusieurs personnes qui agissent de concert et dans le même temps : *Le ciel s'obscurcit tout-à-coup ; ce mur est tombé tout d'un coup ; les soldats ont monté tout d'un coup à l'assaut.*

En campagne, à la campagne.

En campagne signifie une armée qui marche contre l'ennemi, et *à la campagne* se dit du temps que les bourgeois passent à leurs propriétés hors la ville : *L'armée est en campagne ; Monsieur est à la campagne.*

Tomber à terre, tomber par terre.

Tomber à terre exprime tout ce qui ne tient point à la terre, comme les fruits d'un arbre, les tuiles d'un toit, etc ; *tomber par terre* exprime une chose qui tient à la terre par quelque partie que ce soit : *Les fruits sont tombés à terre ; le vent renverse les murs, les maisons et les arbres par terre.*

Être à la ville, être en ville.

Être à la ville s'entend de ceux qui n'habitent plus la campagne ; *être en ville* fait entendre qu'on est sorti de sa maison : *Monsieur est-il à la ville ? Madame est-elle en ville ?*

Pas, point.

Pas n'exclut qu'en partie ; *point* exclut absolument et sans réserve : *Cette personne n'est pas riche*, c'est-à-dire qu'elle n'a pas beaucoup de fortune. *Cette personne n'est point riche*, c'est-à-dire qu'elle est dépourvue de tout bien.

DES SIGNES DE LA PONCTUATION.

Pour marquer les différents endroits du discours où l'on doit s'arrêter en lisant, afin de donner à la lecture plus de grâce et de clarté, on a imaginé dix petits signes dont voici le nom et la forme :

La *virgule* (,), le *point et virgule* (;), les *deux points* (:), le *point* (.), le *point exclamatif* ou *d'admiration* (!), le *point interrogant* ou *dubitatif*, c'est-à-dire *d'interrogation* ou *de doute* (?), l'*alinéa* (*quand on revient à la ligne sans terminer la pre-*

mière), les *points suspensifs* (....) le *trait de séparation* ou *adversatif* (—), le *guillemet* («).

De la virgule.

La virgule n'exige qu'un très-petit repos ; elle se place entre les noms, les adjectifs et les verbes qui ne se modifient pas : *La paresse, la négligence, la curiosité et la dissipation sont les défauts de l'enfance.* La virgule sert encore à distinguer les parties d'une phrase. C'est ce que l'oreille apprendra facilement si on la consulte. En effet, dans cet exemple :

L'homme doit discerner, s'il veut se rendre heureux,
Du plaisir innocent, le plaisir dangereux.

L'oreille sent la nécessité d'une pause entre *l'homme doit discerner* et *s'il veut se rendre heureux*, et de même entre *du plaisir innocent* et *le plaisir dangereux.* Elle serait choquée, si l'on passait brusquement de l'un de ces membres de phrases à l'autre. Que les élèves retiennent bien ce précepte ; non-seulement il peut les aider à bien ponctuer, mais encore à bien sentir ce qu'ils lisent.

Du point et virgule.

Le point et virgule s'emploie le plus communément, lorsque, dans une même phrase ou dans une même période qui forme un sens bien complet, il se trouve des repos ou des distinctions de différents degrés, et que les moins sensibles ont déjà été marqués par des virgules : *Politesse noble, qui sait approuver sans fadeur, louer sans jalousie, railler sans aigreur ; qui saisit les ridicules avec plus de gaîté que de malice ; qui jette de l'agrément sur les choses les plus sérieuses, soit par le sel de l'ironie, soit par la finesse de l'expression ; qui*, etc.

Des deux points.

Les deux points s'emploient avant une citation ou après une énumération et après une phrase finie, mais suivie d'une autre qui sert à la développer. *Dieu dit : que la lumière soit faite, et la lumière se fit. Voici quelle était la nourriture de nos aïeux : des fruits, du lait, du pain, une eau fraîche et claire. L'obéissance est la première vertu, comme le premier devoir du sage : nous ne sommes pas dans la vie* (dit Platon) *pour satisfaire nos goûts et nos préférences.*

Du point.

Le point marque la plus longue de toutes les pauses ; il se met après une phrase dont le sens est entièrement fini :

On a souvent besoin d'un plus petit que soi.

Des points d'exclamation et d'interrogation.

Les points d'exclamation et d'interrogation ont à peu près la pause du point-virgule. Le premier se place toujours à la fin d'une phrase qui exprime la crainte ou la surprise, la douleur ou la joie, l'admiration ou l'horreur :

Heureux celui qui, plein de crainte
Pour la divine majesté,
Marche sans détour et sans feinte
Dans le sentier de l'équité !

Le second s'emploie après les phrases qui expriment une interrogation :

N'as-tu besoin d'aucune chose ?
D'aucun de tes amis la bourse ne t'est close.
Sait-on que tu veux emprunter ?
Pas un de tes amis n'a moyen de prêter.

Des points suspensifs.

Les points suspensifs s'emploient toutes les fois qu'on s'interrompt brusquement pour exprimer une idée étrangère à celle qui nous occupait d'abord :

Ah ! si de ta beauté l'éclat est imposteur,
Qu'il s'efface... du moins que mon travail utile
Puisse rendre éternel le parfum de ta fleur !

Du trait de séparation.

Le trait de séparation sert à distinguer une idée d'une autre. On peut le placer dans le corps d'une ligne, lorsqu'on veut éviter un alinéa : *La virgule n'exige qu'une très-petite pause. — Le point et virgule s'emploie*, etc.

ANALYSE GRAMMATICALE.

L'*analyse grammaticale* est l'examen de tous les mots qui composent une phrase, et des rapports qui les lient les uns aux autres pour l'énonciation de nos pensées.

SUJET D'ANALYSE.

Esope le Phrygien a composé des fables dont les entretiens des animaux sont la matière. Il y fait converser même les arbres et les poissons les uns avec les autres, et les hommes avec eux. Mais dans ces discours se trouvent mêlés des traits de raison qui indiquent à mots couverts quelques vérités.

ANALYSE (1).

Esope, nom propre d'homme, sing. masculin. — *Le*, art. simple déterm. Phrygien, son subst. avec lequel il s'accorde

(1) J'emprunte cette analyse à M. Lasseron.

en gen. et en nombre. — *Phrygien*, nom prop. de peup., sing. masc. — *a*, 3e pers. sing. de *avoir*. — *Composé*, partic. passé de *composer*, verbe actif. — *Des*, art. comp. — *Fables*, nom com. idéal, plu. fémi. rég. direct du ver. *comp.*. — *Dont*, pron. rel. employé pour desquelles ; il s'acc. avec *fables* en gen. et en nomb. — *Les*, art. simp. déterm. *entretiens*, et en prend le gen. et le nomb. — *Entretiens*, nom com. idéal, plu. masc. — *Des*, art. comp. empl. pour *de les*. — *Animaux*, nom com., plu. masc. — *Sont*, ver. subst. *être*, 3e pers. sing. au prés. de l'ind. — *La*, art. sim. sing. masc. déterm. matière, son subst. avec lequel il s'acc. en gen. et en nom. — *Matière*, nom idéal, sing. fém. — *Il*, pron. pers. 3e pers. sing., et représentant *Esope* son antécédent. — *Y*, pron. rel. pour *dans elles*, c'est-à-dire, dans les fables, plu. fém. — *Fait*, ver. act. 4e conju. à l'ind. prés., 3e pers. sing. dont le suj. est *il*. — *Converser*, ver. au prés. de l'inf., 1re conju. sans nom. ni pers. — *Même*, adver. employé pour *aussi*. — *Les*, art. sim., plu. masc. déterm. *arbres*, son subst. dont il prend le gen. et le nom. — *Arbres*, nom com. phys., plu. masc. — *Et*, conjonc. — *Les*, art. sim., plu. masc., déterm. *poissons* son subst. avec lequel il s'acc. en gen. et en nomb. — *Poissons*, nom com. phys., masc. plu. — *Les*, art. sim. déterm. *uns*, avec lequel il s'acc. en gen. et en nomb. — *Uns*, adj. num. empl. pour *animaux*, nom com. phys., plu. masc. — *Avec*, prép. — *Les*, art. sim., sing. masc. déterm. *autres*, son quali. dont il prend le gen. et le nomb. — *Autres*, pron. empl. pour *animaux*, nom phys., plu. masc. rég. de la prép. *avec*. — *Et*, conjonc. — *Les*, art. sim., plu. masc. déterm. *hommes*, dont il prend le gen. et le nomb. — *Hommes*, nom com. phys., plu. masc. — *Avec*, prép. — *Eux*, pron. person., plu. masc. empl. pour *animaux*, rég. direct de cette prép. — *Mais*, conjonc. — *Dans*, prép. — *Ces*, adj. démonst., plu. masc. — *Discours*, nom idéal, plu. masc. — *Se*, pron. réfl., plu. masc. empl. pour *traits*. — *Se trouvent*, verb. pronom., 1re conjug. au prés. indic., 3e pers. plur. — *Mêlés*, parti. passé, plu. masc., s'acc. avec *traits* en gen. et en nomb. — *Des*, art. comp. empl. pour *de les*. — *Traits*, nom idéal, plu. masc. — *De*, prép. — *Raison*, nom idéal sing. fémi., rég. de la prép. *de*. — *Qui*, pron. rela., plu. masc. dont *traits* est l'antéc. — *Indiquent*, verbe act., 1re conjug., 3e pers. plu., au prés. indic.

— *A*, prép. — *Mots*, nom com. idéal, plu. masc.— *Couverts*, parti. passé, plu. masc., quali. *mots* dont il prend le gen. et le nomb. — *Quelques*, adj. qualifi. — *Vérités*, plu. fémi. rég. direct de *indiquent*.

DES ARTICULATIONS FINALES.

Dans les mots de la langue française on ne fait point sentir les articulations finales, excepté *c*, *f*, *l*, *r*, et *q* dans *coq*, *cinq*; *t*, *x*, dans les adjectifs numéraux, suivis d'une voyelle.

Bissac, *bref*, *bal*, *car*, *cinq*, *six*, *sept*, *huit*, *dix*. Exception : *Accroc*, *escroc*, *estomac*, *tabac*, *broc*, *cric*, *marc*, *porc*, *croc*, *baril*, *coutil*, *chenil*, *fusil*, *outil*, *fils*.

Au pluriel, on prononce *bœufs*, *œufs*, *cerfs*, *nerfs*, comme *bœus*, *œus*, *cers*, *ners*. On dit aussi *neuve* au lieu de *neuf*, devant une voyelle ou une *h* muette.

Mais dans les noms dérivés des langues étrangères, les articulations finales se font ordinairement sentir : *Antiochus*, *blocus*, *gratis*, *jadis*, *maïs*, *Rubens*, *Reims*, *lynx*, *sphinx*, *Styx* et *vis*.

Lorsqu'un mot se termine par deux consonnes, on ne prononce que la première : *Fard*, *tard*, *bourg*, *lourd*, excepté dans *aspect*, *exact*, *intact*, *distinct*, *Mars*, *rapt*, *strict*, *toast*, et *Christ* sans *Jésus*.

DES ARTICULATIONS FINALES QUI SE LIENT AVEC LA VOYELLE D'UN AUTRE MOT.

L'articulation finale d'un mot précédent se lie ordinairement avec la voyelle initiale du mot suivant. (L'*h* muette est considérée comme voyelle.) Dans ce cas, les lettres *s*, *x*, auront la valeur du *z*, et le *d*, celle

5

du *t*. Dans ces phrases : *Les enfants aiment le jeu ; les chevaux arabes sont légers à la course ; Bossuet fut un grand orateur*, etc. ; on lira de même que si l'on eût écrit : *Lè zenfant zaiment le jeu ; les chevau zarabes sont léger zà la course ; Bossuet fu tun gran torateur*.

On ne fait presque jamais de liaison avec *b*, *c*, *g*, *m*.

Observation. Deux grammairiens prétendent que, dans ledis cours familier, dans la conversation et même dans la lecture ordinaire, la consonne doit se lier rarement avec la voyelle, et qu'on ne doit pas dire : *Vou zaimez zà lire*. Nous laisserons au lecteur à examiner si l'habitude de ne faire sentir qu'un très-petit nombre de consonnes n'amènerait pas les enfants à n'en faire sentir aucune. D'ailleurs, pour parler convenablement en public, il faut avoir longtemps appris à bien parler en particulier.

SUR LES VALEURS EXCEPTIONNELLES.

A	sans valeur		dans *août*, *aoûteron*, *aoriste*, *Saône*, *taon*.
O	—		dans *faon*, *Laon*, *paon*.
M	—		devant *n* : *condamner*, *condamnation*, *automne*.
P	—		— *t* : dans *compte*, *escompte*, *promptement*, *baptême*, et leurs composés.
E	comme	*a*	devant *mme*, *nne*, *nni* : *femme*, *indemnité*, *solennel*, *hennir*.
E	—	*é*	devant *d*, *x*, *z*, et devant deux consonnes : *pied*, *exil*, *nez*, *effet*, *déception*.
AI	—	*e*	dans *faisant*, *faisons*, *faisais*, *faisions*, etc., et les dérivés.
AM	—	*ame*	à la fin d'un mot : *Abraham*, *Ham*, *Wagram*, excepté dans *Adam*.
EM	—	*aime*	à la fin du mot : *Bethléem*, *Jérusalem*, *Salem*, *Mathusalem*.

UM comme	*ome*		termine les mots dérivés du latin : *albanum*, *géranium*, *factotum*, etc.
QU	—	*cou*	dans les mots signifiant *quatre* : *quadragénaire*, *quadrige*, et *aquatique*, *équateur*.
X	—	*gze*	dans *exemple*, *exil*, et comme *cse* après *a*, *i*, *o*, *u* : *axe*, *rixe*, etc.
X	—	*ss*	dans *Auxerre*, *Bruxelles*, *Auxonne*, *soixante*, et après *dix*, considéré seul.
CH	—	*c*	dans *vermichelle*, et comme *que* devant une articulation, ou dans les mots étrangers : *archange*, *eucharistie*, *chronique*, *chronologie*, *chrysalide*.
OE	—	*é*	dans *œsophage*, *œnophore*, *OEdipe*, *œdémateux*.
OE	—	*eu*	dans *œillade*, *œilleton*, *œillère*, *œil*, *œillet*.
Z	—	*esse*	dans les noms propres, *Metz*, *Rodez*, *Suez*.
GN	—	*guene*	dans *gnomique*, *ignicole*, *stagnant*.
SCH	—	*ch*	dans *schall*, *schisme*, *schiste*.
C	—	*g*	dans *second*, *secret*, et les dérivés de ces deux mots.
U sans valeur			entre *g* et *e*, *i*, excepté le cas où l'*e* est ainsi marqué *ë* : — *langue*, *longue*, *languir*, *sanguin* ; *besaiguë*, *ciguë*, etc.
S	—	*z*	entre deux voyelles, ou entre *l*, *tran*, et une voyelle : *maison*, *balsamine*, *transition*, etc. Cette lettre conserve sa valeur dans *présupposé*, *préséance*, *vraisemblance*.

CHOIX DE MOTS

COMMENÇANT PAR UNE *h* ASPIRÉE.

Hache.	Hagard.	Haine.
Haie.	Haillon.	Halbran.
Haïr.	Halage.	Hallebarde.
Hâle.	Halle.	Hamac.
Hallier.	Halte.	Hampe.
Hameau.	Hangar.	Hanneton.
Hanche.	Harangue.	Haras.
Happe.	Haha.	Harde.

Haricot.	Harnais.	Hargneux.
Harpon.	Hart.	Harpe.
Hâte.	Hauban.	Hasard.
Hâve.	Haletant.	Hauteur.
Hérisson.	Héros.	Héraut.
Herse.	Hêtre.	Héron.
Hissement.	Hibou.	Heurt.
Holà.	Hoche.	Hiérarchie.
Honte.	Hollande.	Hochet.
Hors.	Hoquet.	Homard.
Houe.	Hotte.	Houblon.
Houx.	Houppe.	Houssine.
Huppe.	Huche.	Hune.
Hutte.	Hure.	Hurler.
Hareng.	Huer.	Hue.

CHOIX DE MOTS

COMMENÇANT PAR UNE *h* MUETTE.

Habileté.	Homicide.	Humiliation.
Habit.	Hommage.	Humeur.
Habitation.	Homme.	Humidité.
Habitude.	Homogène.	Hydre.
Haleine.	Homologue.	Hybride.
Harmonie.	Homonyme.	Hydraulique.
Helvétie.	Honnêteté.	Hymen.
Hémisphère.	Horticulture.	Hymne.
Herbe.	Hospice.	Hypocrisie.
Héritage.	Hostilité.	Hyperbate.
Hérésie.	Hôtel.	Hypothèque.
Hésitation.	Huile.	Hypothèse.
Hexagone.	Huissier.	Hypotypose.
Histoire.	Huître.	Hysope.
Hiver.	Humain.	
Homélie.	Humble.	

FIN.

POITIERS. — IMP. DE P. A. SAURIN.

ERRATA.

Page 2, ligne 32, *n'admc*, lisez : *n'admet*.
— 3, — 27, après *adverbe*, lisez : *la préposition*.
— 8, — 31, après *gros*, ajoutez *nul*.
— 9, — 2, après *gros*, ajoutez *nulle*.
— 15, — 24, *laçant*, lisez : *plaçant*.
— 16, — 14, lisez : 2e au lieu de 3e.
— 20, — 7, lisez : *tu es, il est*.
— 33, — 22, lisez : *temps*.
— 46, — 7, *mens*, lisez : *meus*.
— 48, lisez : *le futur des quatre conjugaisons est toujours en rai, ras, ra, rons, rez, ront*.
— 96, ligne 16, *masculin*, lisez : *féminin*.

OUVRAGES DE L'AUTEUR.

Nouvelle Méthode de lecture. 5 fr.

Exercices ou Sujets d'application des règles comprises dans la Grammaire et dans le Traité d'orthographe pratique. 1 fr.

Lecture courante, ou recueil de morceaux curieux et instructifs. 1 fr. 50 c.

Cet ouvrage, dont le plan est neuf, facilitera d'autant plus les progrès de la lecture, que les éléments du langage y reparaissent toujours dans l'espace de deux pages environ.

Lecture et Écriture simultanées. 6 fr.

Les commençants exécutent ces deux exercices au moyen d'un alphabet métallique. MM. Pernot, Corneille et de Jussieu ont apprécié ce nouvel ouvrage, qui fut adressé à M. le Ministre en 1833.

POITIERS. — IMP. DE F.-A. SAURIN.

www.ingramcontent.com/pod-product-compliance
Lightning Source LLC
LaVergne TN
LVHW020347230826
846091LV00003B/1023

* 9 7 8 2 0 1 3 4 5 1 9 4 9 *